L'EXODE DE JEUNES SÉNÉGALAIS
VERS L'EUROPE
Une ethnographie en Casamance

Collection « Études africaines »
dirigée par Denis Pryen et son équipe

Forte de plus de mille titres publiés à ce jour, la collection « Études africaines » fait peau neuve. Elle présentera toujours les essais généraux qui ont fait son succès, mais se déclinera désormais également par séries thématiques : droit, économie, politique, sociologie, etc.

Dernières parutions

Sylvain SHOMBA KINYAMBA, *Critique de l'université congolaise par l'université. Reculade scientifique et marchandisation des patrimoines*, 2024.
Babou DIENE, Modou Fatah THIAM et Mamadou Hady BA (dir.), *La littérature africaine à l'épreuve des récits de filiation. L'autofiction et le récit transpersonnel*, 2024.
Mamane HALIDOU, *Un pouvoir traditionnel à l'épreuve de l'histoire au Niger (1849-2017). La Sarauta Samna Karhe de Tibiri dans le Dallol Mawri*, 2024.
Joseph Pascal MBAHA, Armand LEKA ESSOMBA, Paul TCHAWA (dir.) *Territoires, pluralisme identitaire et coexistence communautaire en Afrique. Dynamique de conflits et imaginaires de l'espace*, 2023.
Jean-Pierre NZEZA KABU ZEX-KONGO, *Le Congolais, pire ennemi du Congo. Comment l'ancien Congo belge est-il devenu si pauvre ?* 2023.
Nouhoum DABITAO, *Géopolitique des rébellions touareg au Mali. (1960-2015)*, 2023.
Moriba TOUNKARA, *Cartographie des risques dans les institutions de microfinance de l'espace UMOA, Une contribution du professionnel comptable*, 2023.
Balla CISSÉ, *Le durcissement du régime de transition au Mali*, 2023.
Issoufou Soulé MOUCHILI NJIMOM et Fidèle MVIADAMBA MINDJEME (dir.), *Etat et développement en Afrique*, 2023.

Jeanne Heurtault

L'EXODE DE JEUNES SÉNÉGALAIS VERS L'EUROPE

Une ethnographie en Casamance

Préface d'Abdoulaye Ngom

De la même autrice :

« Des constructions identitaires contemporaines à travers l'histoire et les mémoires d'une révolte d'esclaves de 1811 à l'île de La Réunion », « Zarboutan magazine », n°5| Mai 2023, Saint-Denis de La Réunion.

© L'HARMATTAN, 2024
5-7, rue de l'École-Polytechnique – 75005 Paris

www.editions-harmattan.fr

ISBN : 978-2-336-42974-8
EAN : 9782336429748

LES ENQUÊTÉS

Adama est né et a grandi à Diobakane. Il fait partie du groupe de génération « London ». Il a quitté l'école au collège. Il vit entre *Ladioba* et une autre localité du Sénégal.
Awa est la femme de Thiawlo. Elle vit à Diobakane.
Djibril est né et a grandi à Diobakane. Il fait partie du groupe de génération « Oslo ». Il a quitté l'école au collège. Il vit à *Ladioba*.
Elimane est né et a grandi dans un pays voisin du Sénégal. Il fait partie du groupe de génération « Oslo ». Il a quitté l'école au collège. Il vit à *Ladioba*.
Kader est l'adjoint au chef du village. Il vit dans le village.
Léou mène l'équipe des jeunes. Trentenaire, il est né et a grandi à Diobakane. Il a un master en communication. Il vit à *Ladioba*.
Limane est né et a grandi à Diobakane. Il a obtenu un master 2 à l'Université. Il est trentenaire. Il vit dans une grande ville du Sénégal.
Madiba est né et a grandi à Diobakane. Il fait partie du groupe de génération « Liverpool ». Il a arrêté l'école au collège. Il vit à *Ladioba*.
Maodo est né et a grandi à Diobakane. Il fait partie du groupe de génération « Berlin ». Il a quitté l'école en primaire. Il vit en France.
Mohamed est né et a grandi dans un village de Casamance. Il a arrêté l'école au collège puis a suivi une formation manuelle. Il vit à Diobakane.
Moktar est né et a grandi à Diobakane. Il est âgé d'une vingtaine d'années. Il est allé à l'Université et vit dans une grande ville du Sénégal.
Ndella est la femme de Léou. Elle vit à *Ladioba* et fait régulièrement des allers-retours entre le site et chez sa mère dans le village.

Paul crée FIER en 1999. Il est l'administrateur de *AmDiobaka*. Il vit en France.
Salif est né et a grandi à Diobakane. Il fait partie du groupe de génération « Oslo ». Il étudie au lycée. Il vit à Diobakane et est très rarement à *Ladioba*.
Solal est né et a grandi à Diobakane. Il fait partie du groupe de génération « London ». Il a quitté l'école au collège. Il vit à *Ladioba* qu'il quitte au cours de cette étude.
Souleymane est né et a grandi à Diobakane. Il a quitté l'école au collège. Il vit à Diobakane et passe beaucoup de temps à *Ladioba*.
Tamba est né à Bnawé et a grandi une partie de son enfance à Diobakane. Il fait partie du groupe de génération « Oslo ». Il a arrêté l'école au collège. Il vit à *Ladioba*.
Thiawlo est né et a grandi à Diobakane. Il fait partie du groupe de génération « London ». Il a quitté l'école pour tenter d'aller en Europe par la voie terrestre. Il ne fait pas partie de *Ladioba*. Il vit à Diobakane. Il souhaite tenter à nouveau de rejoindre l'Europe.
Yacine est né dans une ville d'un pays frontalier du Sénégal. Il a arrêté l'école au collège. Il vit entre *Ladioba* et d'autres localités du Sénégal. Il a tenté de se rendre en Europe dans les années 2010 mais n'y est pas parvenu.

Préface

Au moment où certains candidats à la migration empruntent les voies terrestres pour réaliser leur ambition migratoire à bords de pick-up et de camions, d'autres privilégient la voie maritime et voyagent dans des pirogues. Les trajets pour rallier les côtes européennes se soldent pour beaucoup par des échecs : de nombreux candidats décèdent en chemin.
La Casamance est un haut lieu de départ pour des jeunes issus aussi bien des villes que des campagnes sénégalaises et ouest africaines. Diobakane n'étant pas en marge de cette dynamique, ce village est frappé de plein fouet par le départ de nombreux jeunes hommes depuis les années 2000.
Au regard des risques encourus par les candidats à la migration quel que soit l'itinéraire emprunté, des voies de solutions pour lutter contre les migrations irrégulières sont mises en œuvre par le gouvernement du Sénégal, les acteurs de la société civile, les organisations non gouvernementales et les associations. L'objectif étant de mettre en place tout un dispositif pour inciter les jeunes à rester au pays.
À travers une enquête de terrain lors d'une longue immersion de six mois à Diobakane, l'autrice a pu établir des liens de confiance avec les enquêtés. Elle a combiné observations participantes, entretiens semi-directifs et discussions informelles, dispositif méthodologique que reflète d'ailleurs la qualité des extraits d'entretiens qui jouxtent de bout en bout l'ouvrage. Le chapitre I consacré à la présentation de la recherche revient justement sur ce dispositif méthodologique robuste.
Quoi de plus perspicace et de plus légitime que de s'interroger sur les causes à l'origine des projets migratoires dans le village de Diobakane ? telle est l'économie du chapitre II du livre. L'autrice met en lumière des facteurs tels que le contexte économico-social du Sénégal, l'externalisation des politiques migratoires européennes, le

mythe de l'Eldorado européen, la place des individus dans la famille, le prestige social.

L'ouvrage de Jeanne Heurtault lève le voile sur les actions entreprises par l'association AmDiobaka dans le village de Diobakane afin de lutter contre l'émigration par la permaculture. Cette activité permet-elle de lutter efficacement contre les migrations irrégulières dans le village ? telle est en substance, l'interrogation qui apparaît dans cet ouvrage et à laquelle Jeanne Heurtault à tenter de répondre.

Au chapitre III, elle s'attache à une description et une analyse très fines des actions entreprises par AmDiobaka pour inciter les jeunes à rester au village. La monographie de l'association permet d'appréhender les différentes étapes du lien entre permaculture et lutte contre la migration.

L'immersion de longue durée dans l'association a permis à Jeanne Heurtault d'analyser avec une grande précision, tel un horloger, ces actions. Il apparaît en filigrane, que la permaculture permet difficilement de retenir les jeunes au village, en dépit de l'implication de certains d'entre eux dans cette activité.

Un ouvrage passionnant, rédigé dans un vocabulaire absent de tout langage abscons, facile à lire et qui constitue, à bien des égards, une contribution majeure dans l'agenda des stratégies et politiques de lutte contre la migration irrégulière à Diobakane en particulier, et au Sénégal en général.

Dr Abdoulaye NGOM
Enseignant-chercheur-Sociologue
Université Assane Seck de Ziguinchor
Spécialiste des migrations irrégulières

> L'interprétation d'une culture est toujours l'interprétation de l'interprétation d'une culture. »
> Alban Bensa, *De la relation ethnographique*[1].

INTRODUCTION

Cette étude est le fruit d'une recherche ethnologique, menée auprès de jeunes hommes du village de Diobakane, en Casamance (Sénégal). Elle porte sur des facteurs d'émigration vers l'Europe.

L'enquête ethnographique s'est déroulée de janvier à juillet 2021 à Diobakane, au sein de l'association *AmDiobaka*, anciennement FIER. Créée en 2000, FIER participe au « développement » du village. Dès 2008, elle met en place des actions afin de proposer une alternative à l'exode des jeunes de Diobakane ; à partir de 2017, *AmDiobaka* est conçue comme un projet d'autonomie alimentaire et financière par la permaculture, afin de lutter contre cet exode.

Ce travail est une commande de Paul, administrateur et cofondateur de l'association. Il me missionne en qualité de chercheuse indépendante en ethnologie, dans le but d'éclairer les raisons qui poussent de jeunes hommes à vouloir quitter le village. Ce travail doit permettre, une meilleure compréhension des enjeux liés aux migrations en Afrique de l'Ouest, et à l'association,

---

[1] Bensa, Alban. De la relation ethnographique. Paris. 1995.

de pouvoir mieux accompagner cette population.

Le thème des migrations sud/nord est largement investi par les sciences humaines et sociales depuis les années 1980. En revanche, l'approche du phénomène migratoire international à partir d'un terrain réalisé en Casamance et au sein d'une association ne l'est pas.

Les migrations internationales ne sont pas un phénomène nouveau au Sénégal. Dans l'histoire contemporaine du pays, les déplacements saisonniers des travailleurs en direction d'autres territoires d'Afrique de l'Ouest marquent les années 1960, avec entre autres, la culture de cacao et de café (Flahaux, Beauchemin & Schoumaker, 2013)[1]. Ces déplacements se doublent d'une émigration vers l'Europe et la France notamment, à partir de cette même décennie (Lessault & Flahaux, 2013)[2], afin de répondre à un besoin de main-d'œuvre dans la production industrielle (Ndiaye & Robin, 2010)[3].

Le village de Diobakane connaît des départs de jeunes hommes en direction de l'Europe à travers des voies « irrégulières », à partir de 2006. Ceux-ci s'aventurent dans l'océan, embarqués à bord de pirogues[4] depuis les côtes sénégalaises et gambiennes, lorsqu'ils ne prennent pas les routes en direction de la Libye et du Maroc.

Depuis 2006, une soixantaine d'entre eux ont tenté de rejoindre l'espace Schengen. À l'échelle du village, cela correspond à un peu plus de 2 % des jeunes (âgés de 15 à

---

[1] Flahaux, Marie-Laurence ; Beauchemin, Cris ; Schoumaker, Bruno, *in* Cris Beauchemin et al. « Migrations africaines : le codéveloppement en questions. » Armand Colin | « Recherches » 2013 | pp. 91-126.

[2] Lessault, David ; Flahaux, Marie-Laurence. « Regards statistiques sur l'histoire de l'émigration internationale au Sénégal », « Revue Européenne des Migrations Internationales » | vol. 29 - n°4 | 2013. pp. 59-88.

[3] Ndiaye, Mandiogou ; Robin, Nelly. « Les migrations internationales en Afrique de l'Ouest. », Hommes & migrations | 2010. pp. 1286-1287.

[4] Terme employé pour désigner les embarcations pour la migration.

40 ans). Cette tranche d'âge représente environ 60 % de la population totale du village, composée d'un peu plus de 4 000 habitants.

L'association met en place un projet de permaculture ainsi que des séjours en *workaway*[1]. Elle accueille des voyageurs occidentaux venus d'Europe de l'Ouest pour la plupart.

La population de l'enquête correspond à un groupe essentiellement composé de jeunes hommes âgés de 17 à 32 ans, célibataires et sans enfant (excepté l'un d'entre eux). Ils n'ont pas encore quitté le village de manière prolongée (pas plus de quelques mois), n'ont jamais tenté de se rendre en Europe (excepté l'un d'entre eux) et sont impliqués dans les projets d'*AmDiobaka*.

La problématique centrale de cette recherche qui sera éprouvée tout au long de l'enquête est la suivante : quels sont les facteurs qui amènent de jeunes hommes de Diobakane à désirer se rendre en Europe, malgré les actions menées par l'association *AmDiobaka* ?

Je m'attache, en premier lieu, à exposer le contexte du terrain ethnographique et la méthodologie employée. Dans un deuxième temps, j'analyse des facteurs qui poussent de jeunes hommes de Diobakane à vouloir rejoindre l'Europe. Puis, dans une troisième et dernière partie, je présente les actions d'*AmDiobaka* et viens interroger l'impact qu'elles produisent sur les projets migratoires.

---

[1] Réseau mondial qui permet à des voyageurs de vivre chez des hôtes en travaillant bénévolement pour eux pendant une durée déterminée (quelques heures par jour), en échange du gîte et du couvert. Ici la spécificité est que le voyageur paye 3 euros par jour.

CHAPITRE I
PRÉSENTATION DE LA RECHERCHE

1. La construction de l'objet de recherche

En 2018 à Lyon, je préparai un voyage de plusieurs semaines au Sénégal, lorsque Paul, membre fondateur et administrateur de l'association *AmDiobaka*, me sollicita. La mission qu'il me proposa consistait à connaître et à comprendre les facteurs qui poussent les jeunes de Diobakane à vouloir quitter le village. Pour ce faire, il me demanda de réaliser des entretiens ethnographiques avec des jeunes de retour d'exode, impliqués dans l'association.

Durant deux semaines passées sur le terrain, je réussis à réaliser un entretien avec l'un d'entre eux. La douleur de se raconter était forte, en témoignent les larmes qui coulaient de ses yeux. Il finit par mettre un terme à nos échanges avant que je ne quitte le terrain (décembre).

À mon retour sur le terrain en janvier 2021, ce jeune homme n'est pas présent à l'association. Lorsqu'il revient quelques mois plus tard, il me dit ne pas être prêt à réitérer l'expérience des entretiens. Il me livre que le fait d'être questionné lui cause des « problèmes » : il souhaite « avancer », ne pas « retourner dans le passé ». Je respecte son choix et n'obtiens de lui que des bribes d'expériences, attrapées au vol de discussions informelles.

Puisque je suis logée sur le site d'*AmDiobaka*, lui-même situé dans le village, j'ai un accès privilégié à un groupe restreint d'individus, qui participent aux activités de l'association. Plusieurs d'entre eux désirent se rendre en Europe. C'est donc tout « naturellement » que mon étude est venue prendre une nouvelle tournure et s'affiner, s'adaptant aux réalités du terrain : *AmDiobaka* devient mon objet de recherche et terrain d'enquête, et les jeunes de l'association, les principaux enquêtés.

J'interroge dans cette étude le rôle du dispositif *AmDiobaka* afin de saisir ce que la permaculture apporte à ces jeunes, au sein de leur entreprise migratoire. J'intègre à cette recherche des habitants du village qui ne font pas partie de l'association. Ceci me permet d'étayer mon analyse, grâce notamment à l'apport de connaissances plus larges sur le village et ses habitants.

En effet, afin de comprendre ce qui se joue au sein de l'association et matière de migration, il me faut en sortir et aller à la rencontre de personnes susceptibles de m'apporter d'autres regards.

L'association *AmDiobaka* met en place des actions pour pallier l'exode des jeunes du village. À quelle forme d'émigration l'association fait-elle référence ? À quel(s) type(s) d'exode les individus s'adonnent-ils ? La vision des actions menées par l'association est-elle partagée par tous les acteurs associatifs[1] ?

Les hypothèses et pistes de réflexion que j'avance sont tirées des observations et des entretiens ethnographiques. Elles sont nourries par l'avancée du terrain ethnographique et la compréhension que j'ai eue de certains faits sociaux que je décris et analyse.

Il est important de définir certains termes que j'emploie tout au long de ce rapport, dont celui d'« émigration » qui renvoie au phénomène d'exode rural, défini par le dictionnaire *Larousse* comme suit : « Migration des habitants des zones rurales et principalement de la population agricole, vers les zones urbaines »[2].

---

[1] J'entends par « acteur associatif », tout individu impliqué dans les actions de l'association.
[2] https://www.larousse.fr/encyclopedie/divers/émigration_rural/50492.

L'Organisation internationale pour les migrants (OIM), définit la migration en ces termes : « Tout mouvement de personnes quittant leur lieu de résidence habituelle, soit à l'intérieur d'un même pays, soit par-delà une frontière internationale »[1]. Est désigné comme migrant international : « Toute personne se trouvant à l'extérieur de l'État dont elle possède la nationalité ou la citoyenneté ou, dans le cas des apatrides, de son pays de naissance ou de résidence habituelle. Ce terme englobe les personnes qui envisagent de migrer à titre permanent ou temporaire, celles qui migrent de manière régulière ou qui sont munies des documents requis, ainsi que les migrants en situation irrégulière » (Ibid.).

Si les facteurs d'émigration sont divers et touchent des profils variés d'individus, je m'intéresse dans ce travail spécifiquement à un groupe de jeunes, dont l'émigration est à l'état de projet et à destination de l'Europe occidentale.

2. La population de l'enquête

Cette étude concerne un échantillon principal de douze hommes, aux profils sociologiques à la fois spécifiques et communs. Ils sont célibataires, âgés de 17 à 35 ans, n'ont pas d'enfant, sont nés ou ont grandi à Diobakane. L'un d'entre eux est né dans le village voisin Bnawé et deux autres en Gambie. Ils ont quitté leur cursus scolaire au collège le plus souvent et au lycée plus rarement : ils sont alors officiellement considérés comme étant en « échec scolaire ». Ils sont pour la plupart issus de familles d'agriculteurs, mais pas uniquement : certaines ont des activités qui ont trait à l'éducation et à la santé. Ils participent aux actions de l'association *AmDiobaka*, vivent sur son site appelé *Ladioba* qu'ils entretiennent et sur lequel ils accueillent des voyageurs. Ces derniers venus d'Europe

---

[1] https://www.iom.int/fr/termes-cles-de-la-migration.

de l'Ouest essentiellement, sont là pour se former à la permaculture ou participer à des projets humanitaires et d'entraide, parfois les deux.

À ces enquêtés, s'ajoutent onze autres individus qui ne font pas partie de l'association. L'analyse des entretiens que je réalise avec eux vient enrichir mon corpus d'informations, mettant en perspective les données recueillies à l'association.

J'ai réalisé au total une soixantaine d'entretiens avec des hommes aux profils sociologiques variés dont : les jeunes de *Ladioba* ; des jeunes qui projettent de partir par des voies irrégulières ; des membres de la famille de ces candidats à l'émigration ; Léou, responsable de *Ladioba* ; des jeunes qui ont quitté Diobakane pour leurs études et qui sont temporairement de retour dans le village ; des jeunes de retour d'exode ; Awa, la femme d'un de ces derniers ; des jeunes actuellement en migration au Maroc ; Mohamed, un passeur de candidats à la migration ; l'actuel président de JUKA, une association locale de la jeunesse ; d'anciens présidents de JUKA ; le chef du village ; l'adjoint au chef du village ; le maire de la commune de Tabakane dont dépend Diobakane ; des notables du village ; Paul, fondateur de l'association FIER et administrateur de l'association *AmDiobaka*.

Il me faut à présent, définir ce que l'on entend par la catégorie « jeunes ». Qu'est-ce être un jeune à Diobakane ? Sur le terrain, j'entends parler de « la jeunesse de Diobakane ». De quelle catégorie s'agit-il alors ? La notion de « jeunesse » ne renvoie pas à une seule catégorie d'individus en Afrique de l'Ouest. Les statistiques internationales définissent un « jeune » du fait de son âge :

est jeune tout individu âgé de 15 à 24 ans (Gastineau, Golaz, 2016)[1].

À Diobakane, tout individu âgé de 15 à 40 ans est considéré par JUKA comme étant jeune. Cette classe d'âge tient une place particulière au sein du village du fait de son poids démographique d'une part : ils sont approximativement 2 000, soit plus de 60 % de la population totale du village (au recensement de 2021 réalisé par la mairie de Tabakane[2]).

Cette tranche de la population rend compte de l'une des structures sociales du village, construite sur la base d'un système appelé « groupe de génération ». Onze groupes de générations rassemblent des hommes et des femmes avec un écart d'âge maximal de deux ans. Les individus font partie de la même classe d'âge, lorsqu'ils ont entre : 25 et 27 ans, 28 et 30 ans, 30 et 32 ans, etc. Chaque génération constitue une équipe de football composée d'hommes uniquement, aux noms d'équipes internationales et européennes pour la plupart : Berlin, Toulouse, Oslo, etc. En dehors des matchs, les hommes et les femmes se retrouvent autour d'événements culturels et festifs qu'ils organisent au cours de l'année (soirées dansantes, excursions, etc.). Les générations tiennent un rôle important dans le village.

Solal est né et a grandi à Diobakane. Il fait partie du groupe de génération « London ». Il est l'aîné d'une fratrie de six enfants (née du même père et de la même mère[3]). Il quitte l'école au collège, après avoir été renvoyé à plusieurs

---

[1] Gastineau, Bénédicte ; Golaz, Valérie. Être jeune en Afrique rurale. De Boeck Supérieur | « Afrique contemporaine ». 2016/3 N° 259 | pp. 9-22.
[2] La mairie de Tabakane regroupe plus de 30 villages/communes et plusieurs zones. Chaque zone regroupe plusieurs villages.
[3] Cette formulation est employée pour désigner une descendance issue d'un mariage polygame.

reprises. Il commence à participer aux activités de *Ladioba* après 2017 et s'y installe. Il doit prochainement se rendre en Europe pour rejoindre un de ses oncles qui a décidé de le faire venir chez lui.

> « Des fois on va au marché, on balaie toute la route, on prend le *coupe-coupe* (machette), tu vois les parents ils sont contents de nous, ils sont contents des jeunes, ils sont contents de notre équipe tu vois là. [...] Si toi, ton père, il a quelque chose à faire, tu vois nous on va là-bas pour aider. C'est pas la peine de nous payer même, on t'aide [...]. »

Si Solal souligne ici le fait que les services rendus par les groupes sont gratuits, il ajoute dans un autre entretien que ces mêmes jeunes cherchent à se faire rémunérer pour d'autres travaux. En effet, la question de l'emploi est centrale chez ces hommes et l'on verra de quelle manière le facteur économique est au cœur de la construction de leurs projets migratoires.

Les groupes de génération fonctionnent sur un principe de cotisations mensuelles auxquelles chaque membre participe (entre 500 et 1 000 francs CFA, en fonction des moyens de chacun, soit entre 0,75 et 1,5 euro). Cet argent, en plus de financer des fêtes, aide à payer : accouchements, décès, baptêmes et mariages, soit des temps qui ponctuent certains passages de la vie d'un individu et qui construisent son identité. L'un des jeunes qui a la responsabilité de réunir les cotisations me dit à propos des rôles des groupes :

> « Avec ce groupe on travaille [...] à la saison des pluies quand les gens ont cultivé, après c'est nous [...] qui allons cultiver [...] [qui faisons] la cueillette des mangues et des oranges [...]. Des camions viennent de Dakar [...] on décharge la voiture, et on nous paye. On met ça dans notre caisse et on va faire des conférences religieuses [...]. Si

quelqu'un a besoin de l'argent ou bien, on a un décès dans le groupe […] on va faire quelque chose pour lui. »

La catégorie sociale « jeune » joue un rôle essentiel dans le village. JUKA fédère cette jeunesse et l'implique dans les travaux communautaires de Diobakane. Chaque samedi de l'année, en dehors des périodes de cérémonies et de rites traditionnels et religieux, les jeunes hommes sont mobilisés pour effectuer des labeurs non rémunérés, tels que : le dessouchage des « jardins des femmes » (jardins communautaires gérés par des femmes), la construction d'un *garage* (gare routière), ainsi que tout autre projet qui a trait au bien commun du village. L'argent que ces travaux génèrent revient à JUKA qui le réinjecte dans des projets culturels (un festival en construction et dont la première édition aura lieu l'année prochaine), le foyer socioculturel, etc.

Départ pour une matinée de travaux collectifs, juillet 2021.

Construction d'un *garage* (gare routière) à Allahine (frontière gambienne), juillet 2021.

Construction d'un *garage* (gare routière) :
Les moins jeunes du village ont rejoint les travaux collectifs,
juillet 2021.

Les femmes, quant à elles, sont mobilisées pour la cuisine ainsi que pour puiser de l'eau et la porter aux hommes, lorsque les travaux le nécessitent.

Au Sénégal, durant les *Navétanes*, événement qui signifie « saison des pluies » en wolof (langue nationale du pays[1]), nombre de jeunes installés dans les villes retournent dans leur village natal. Ils participent aux travaux des champs avec leur famille durant toute la période (de juin à septembre environ). La saison des pluies est propice à différents types de cultures : riz, arachide, etc., ce qui demande une main-d'œuvre supplémentaire comparativement au reste de l'année. À Diobakane, des tournois de football sont organisés et les *Associations*

---

[1] Elle est instituée par Léopold Sédar Senghor, premier président sénégalais (1960-1980).

sportives et culturelles (ASC) s'affrontent sur le sable des terrains de la zone (Diobakane et les villages alentour). Cette période correspond également aux vacances scolaires.

La jeunesse est considérée comme la force vive du village. Enjeu significatif pour son fonctionnement, la perte d'un jeune issu de ce système communautaire peut engendrer l'affaiblissement de ce dernier. Les conséquences en sont : la diminution de la main-d'œuvre, la perte de la transmission de certaines traditions ainsi que la baisse du taux de natalité, nous apprennent des habitants du village dans un film-documentaire-fiction réalisé par *AmDiobaka*. La lutte contre l'émigration des jeunes prend alors en partie son sens. Le chef du village[1] explique le rôle que la jeunesse doit jouer pour Diobakane :

> « Au niveau de la jeunesse de Diobakane [il a même dit à la jeunesse de Diobakane de] trouver du matériel pour quand même avoir une vie stable ici, une vie importante, parce qu'aujourd'hui l'aide que le village a besoin, ça doit passer par la jeunesse de Diobakane. Et si cette jeunesse est là, voilà, il faut qu'il y ait ce qu'on appelle des matériels humains. Quand on dit des matériels humains, c'est-à-dire des idées, des réflexions qui montrent qu'effectivement, ça c'est possible pour faire ça, tout ça, ça passe par la jeunesse, donc [il dit que] aujourd'hui son projet c'est sur la jeunesse de Diobakane. » (Entretien traduit)

Nous comprenons que pour ce chef, l'aide au village doit être endogène et il incombe à la jeunesse qu'elle soit

---

[1] « Son rôle c'est un rôle de facilitateur il fait de la réconciliation, les gens même père même mère ou les gens quand y'a un problème ou des incidents, au lieu de quitter le village ils viennent ici, il arrange les problèmes. Les jugements des gens qui ont des problèmes et qui doivent porter des plaintes à la gendarmerie, lui il freine tout ça, il se met devant ça il dit : « non attend, vous savez on peut arranger tout ça à l'amiable, c'est pas un problème […] ». » (Entretien traduit)

actrice dans son propre village.

3. Le lieu de l'enquête

Carte du Sénégal et de ses pays frontaliers[1]

Le village de Diobakane est situé en Casamance, au sud du Sénégal, à quelques kilomètres en dessous de la frontière gambienne.

La région de la Casamance bénéficie d'un climat

---

[1] http://carte-monde.org/wp-content/uploads/2016/10/carte-vierge-senegal.jpg

soudano-guinéen, caractérisé par deux saisons : une saison des pluies (juin à septembre) et une saison sèche (octobre à mai). Sa végétation est à la fois dense et diversifiée, ce qui lui vaut le nom de « verte Casamance ». Elle est autrement nommée « grenier du Sénégal », car elle fournit la quasi-totalité de la production de fruits consommés dans le pays (mangues, oranges, *maad*[1], bananes, noix de cajou, etc.). Ainsi, à Diobakane, l'activité maraîchère tient une place importante. Pour cause, elle est source de revenus pour les femmes essentiellement et pour les hommes dans une plus faible mesure.

Diobakane, village de brousse enclavé situé à quelques kilomètres de l'océan Atlantique, compte un peu plus de 4 000 habitants. Il est découpé en plusieurs quartiers, ces ASC, qui portent le même nom que les associations sportives. Les deux religions principales sont l'islam et le catholicisme (bien que des syncrétismes soient à l'œuvre). Le quartier dans lequel se déroule l'enquête est musulman. Il est le centre du village avec sa mosquée, son école élémentaire (« École 1 ») et les maisons des représentants : la chefferie, la famille de l'imam, de grandes familles maraboutiques (familles issues de lignées de marabout), la famille du maire adjoint de Tabakane (dont Diobakane dépend).

---

[1] *Saba senegalensis*, made, ou encore arbre à serpent. Espèce de liane ligneuse à vrilles et à latex.

La mosquée principale, dans le quartier central, février 2021.

L'islam constitue la religion majoritaire et occupe une place centrale dans la vie de nombreux villageois. Elle rythme une part de leur quotidien et joue également un rôle important dans l'éducation au sein des *darah* (écoles coraniques). Des formes de syncrétisme existent à travers des pratiques et croyances animistes. En atteste l'esprit protecteur *kankourang*[1], présent lors de la circoncision des jeunes garçons et autres pratiques cultuelles. Mais je ne m'attarderai pas davantage sur ces questions dans ce travail.

Le groupe « ethnoculturel » Manding est majoritaire à côté d'autres groupes : Joola, Karoninké, Sérère, Wolof, Peul, etc. La langue vernaculaire majoritaire est le

---

[1] Dans la société mandingue, le *kankourang* est à la fois rite d'initiation et esprit protecteur. Il encadre les cérémonies de circoncision et d'excision. C'est lors de cette « cérémonie des masques » que les jeunes garçons âgés de 5 à 10 ans sont circoncis et deviennent des « hommes ». Associé à la sexualité, ce rituel participe de la construction du genre par le corps (masculin/féminin). Durant les périodes de ces cérémonies, l'esprit sort de la *brousse* et va semer la peur dans le village, auprès des jeunes filles et garçons. Les filles et les femmes ont l'interdiction de le regarder et de se trouver en sa présence à moins de plusieurs centaines de mètres.

mandingue.

4. La méthodologie d'enquête
4.1. Les outils de l'enquête

La photographie et le dictaphone, combinés à la prise de notes dans le carnet de terrain, sont utilisés comme outils de l'ethnographie. La photographie descriptive, en illustre certains passages. Avec les notes manuscrites, je relève certains de mes ressentis qui ressortent des échanges et expressions corporelles (langage corporel) non perceptibles à l'écoute, mais riches d'informations sur les enquêtés en situation d'entretien.

Avec la littérature scientifique, je fais des allers-retours entre le terrain et la théorie. Toutefois, j'approfondis cette partie du travail essentiellement en aval du terrain (d'août 2021 à janvier 2022) lors de l'analyse plus poussée des données.

La commande initiale de cette étude se cantonnait uniquement à la réalisation d'entretiens avec des jeunes de Diobakane de retour d'exode. J'ai décidé sur le terrain d'élargir cette mission, en faisant de l'observation participante, en vue d'étayer l'analyse et d'accéder à une compréhension plus large du phénomène migratoire et du fonctionnement de l'association. Je réalise ainsi des observations à *Ladioba* et dans le village, et j'effectue des entretiens avec tous les jeunes de l'association et certains habitants du village.

4.1.2. L'« observation participante »

Je tente de saisir les tenants et les aboutissants du lieu de vie de *Ladioba* dans lequel chacun des membres tient un rôle. Ce quotidien se vit dans un rythme que je m'attèle à comprendre chaque jour en observant et en échangeant avec les enquêtés de manière individuelle et collective, selon les moments.

Durant les « observations participantes », je prends part aux activités quotidiennes, dont le maraîchage : arrosage, construction de buttes, semis, plantations, etc. Je participe à la préparation des repas, en secondant un ou plusieurs enquêtés à la cuisine. D'autres fois - plus rarement - je cuisine seule. J'accomplis des tâches ménagères : vaisselle, balai, rangement, etc. Je fais les courses au village : marché et boutiques alimentaires, juste avant la préparation des repas. Je participe aux discussions lorsque celles-ci sont en français et j'apprends la langue mandingue.

Il y a des tâches auxquelles je ne participe pas ou peu. Il en est ainsi pour la construction de la « nouvelle case » (février-mars), à laquelle les enquêtés ne m'associent pas. Je parviens à prendre part à la construction de la toiture à ma propre initiative, ce qui provoque de l'amusement chez certains enquêtés. Je perçois que la place que je prends est au centre de l'attention : perchée sur des branches d'arbres (rônier)[1] qui constituent une partie des matériaux de construction, j'en découpe de nouvelles au moyen d'un *coupe-coupe* (machette) et les cloue entre elles à l'aide d'un marteau. Fall, m'explique qu'en tant que femme, je ne peux prendre part à la construction des murs de ciment et des sols de béton. En effet, d'après les attributs locaux de la féminité (Lecestre-Rollier, 2011)[2], la construction de bâtiments est réservée aux hommes dans le village.

---

[1] *Borassus aethiopum*. « Le palmier rônier, est un arbre ligneux qu'on trouve dans les régions tropicales de l'Afrique sahélienne ». (International Journal of Innovation and Applied Studies. Vol. 13 No. 3 Nov. 2015, pp. 553-560).
[2] Lecestre-Rollier, Béatrice. L'un et l'autre sexe : une ethnologue au Maroc, Journal des anthropologues, pp. 124-125 | 2011.

4.1.3. Les entretiens ethnographiques

En vivant sur le lieu de vie des enquêtés, je suis attentive à ce qu'ils me racontent de façon directe ou détournée et à ce qu'ils ne me racontent pas. J'observe les manières qu'ils ont de s'adresser à un aîné ou à un cadet, à une femme ou à un homme, à un adulte ou un enfant, les façons de faire des demandes, de se dire bonjour, de faire des blagues (très courant dans la communication avec les enquêtés), de dire ou ne pas dire certaines choses, etc. Les entretiens sont, dans un premier temps, ouverts. Plus l'enquête avance, plus j'affine mes questions dans des entretiens semi-ouverts.

Je bénéficie d'entretiens informels individuels lorsque les enquêtés agissent seuls dans les jardins par exemple. Lors des entretiens de groupe, je peux notamment me rendre compte de quelle manière les discours des uns, viennent s'ajuster en fonction des discours des autres, et ainsi, participer d'une forme de pensée commune entre les différents enquêtés.

4.2. La traduction et le traducteur

Le français, s'il n'est pas la langue principale d'échange entre les enquêtés, a néanmoins été celle des entretiens. Mon niveau de débutante en mandingue ne m'a pas permis de réaliser les entretiens dans cette langue. Le recueil de données a donc été conditionné par la barrière de la langue. J'ai eu accès à certaines traductions spontanées lors d'entretiens informels et à des traductions entières lors d'entretiens formels. En effet, j'ai été accompagnée par trois traducteurs différents au cours de neuf entretiens.

La traduction impose une certaine limite aux entretiens : sujette à l'interprétation du traducteur ainsi qu'à son niveau de langue, elle pose la question de la fidélité du discours traduit et de la part de subjectivité du traducteur. En effet, je constate que le traducteur occupe parfois un temps de parole plus long que celui de l'enquêté. Ceci laisse à penser que la fidélité de la traduction est en jeu en certaines occasions. De plus, le traducteur est systématiquement connu de l'enquêté, ce qui peut limiter la liberté d'expression de ce dernier (s'en référer à l'entretien avec Awa, la compagne de Thiawlo, au deuxième chapitre dans la sous-partie « Thiawlo, ancien migrant revenu au village »).

5. Réflexivité : la place de la chercheuse sur le terrain

À mon arrivée sur le terrain, je présente ma recherche auprès des enquêtés comme étant une étude sur l'émigration des jeunes du village, devant participer à la co-écriture d'un livre avec Paul. Je comprends au fil du terrain que, parfois, les jeunes m'associent à cet homme, lui qui œuvre pour que ces derniers ne quittent pas leur village : cela peut engendrer une part de retenue dans la manière qu'ils ont de me livrer leur récit. Ce biais méthodologique est fondamental pour comprendre l'impact qu'il a sur le recueil de données. Si les réponses qui me sont adressées au cours des entretiens formels s'avèrent souvent incomplètes, la relation ethnographique est conditionnée, entre autres choses, par la raison de ma présence que j'énonce. Ceci me vaut certainement des fins de non-recevoir lorsque je demande des entretiens (ce qui arrive peu). À la manière de ce qu'avance le sociologue Jean-Claude Kaufmann, nous pouvons dire que « chaque question quand elle est posée y compris celle qui se voudrait la plus technique ou la plus neutre, définit un jeu d'influence » (Kaufmann, 1996)[1].

À la fin d'un entretien que je réalise avec Salif, le

---

[1] Kaufmann, Jean-Claude. « L'entretien compréhensif. L'enquête et ses méthodes ». Nathan. Paris, 1996.

dictaphone éteint, celui-ci me demande si je suis favorable ou si je m'oppose à son projet de départ. Cette question me renvoie au fait que mon avis à ce moment-là est en jeu, et qu'il a sûrement pu conditionner les réponses apportées par cet informateur lorsque le dictaphone était allumé. Ceci me fait réaliser que j'ai très certainement manqué de préciser mes intentions et mes positions vis-à-vis de la question de l'émigration au départ de l'entretien. En effet, je ne suis ni pour ni contre l'exode. Mon unique objectif, en tant qu'ethnologue, est ni plus ni moins de tenter de comprendre ce qui se joue à travers ce phénomène, et non pas de juger ceux désireux de partir.

Une donnée supplémentaire m'amène à penser à une telle limite. Une informatrice, venue séjourner plusieurs semaines à l'association, me relate que certains jeunes ont commencé à lui parler de leur désir d'émigrer à partir du moment où elle leur confia qu'elle ne s'opposait pas à leur entreprise migratoire.

Je pose beaucoup de questions en dehors des entretiens formels, car nombre d'informations que je tiens pour cruciales concernant des éléments de culture propre aux enquêtés, ne me sont pas explicitées. L'anthropologue Alban Bensa, parlant de l'anthropologue Philipe Descola et l'obtention d'informations sur son terrain avec les Indiens Jivaro d'Amérique du Sud, avance que « le social jivaro dont les règles sont d'autant plus prégnantes qu'elles ne sont presque jamais dites ; mais c'est précisément parce qu'elles sont tues que restent ouvertes toutes les manœuvres, négociations et paroles aléatoires. En entrant dans le jeu culturel, l'ethnologue accède à l'intelligence des circonstances, c'est-à-dire à l'essentiel » (Bensa,1995)[1]. Si mon terrain, situé dans une partie très localisée en Afrique de l'Ouest, se trouve géographiquement très éloigné du terrain sud-américain de Descola, cette citation de Bensa,

---

[1] Bensa, Alban. « De la relation ethnographique », Enquête, 1 | 1995.

résonne avec cette réalité à laquelle je suis confrontée.

Une lecture de l'historien Djibril Tamsir Niane vient me freiner dans mon élan de questions : « Mes yeux viennent à peine de s'ouvrir à ces mystères de l'Afrique éternelle et dans ma soif de savoir, j'ai dû plus d'une fois sacrifier ma petite prétention d'intellectuel en veston devant les silences des traditions quand mes questions par trop impertinentes voulaient lever un mystère » (Niane, 1960)[1]. Ce passage fait écho à ces absences de réponses auxquelles je dois parfois faire face et me renvoie à mon attachement parfois trop présent à vouloir tout comprendre. Je dois alors, pour rassasier ma soif de connaissances, passer par d'autres voies que celles des interrogations, afin de trouver quelques réponses et me résoudre à ne pas pouvoir tout savoir. Si d'après les griots, nous dit encore une fois Niane, « toute science véritable doit être un secret », alors l'absence de réponse participe du projet ethnologique. C'est d'autant plus vrai lorsque l'ethnologue comprend ce qui se joue à travers cette absence : le silence, matériau de l'enquête parle. Ce contournement des questions, Fatou Diome nous dit qu'il est une « digue que les vieilles personnes construisent pour dévier le fleuve impétueux des questions » (Diome, 2003)[2].

L'accès que j'ai du discours des enquêtés quant à leurs motivations de rejoindre l'Europe, est conditionné, tout au long de l'enquête, par la place qu'ils me donnent. Il me faut effectuer sans cesse un va-et-vient entre ma posture de chercheuse et celle que les enquêtés m'attitrent, afin de trouver ma *juste place*, à la manière de Bensa.

---

[1] Niane, Djibril Tamsir. « Soundjata ou l'épopée mandingue. » Présence africaine. Paris. 1995.
[2] Diome, Fatou. « Le ventre de l'Atlantique. » Editions Anne Carrière. Paris. 2003.

6. Usage des signes et des termes dans le corpus de texte

Par souci d'anonymat, j'ai remplacé les prénoms des enquêtés par des prénoms fictifs que j'ai empruntés au répertoire sénégalais.

Les signes « […] » viennent signaler la suppression d'un bout de l'entretien pour plusieurs raisons :
- la partie supprimée n'est pas suffisamment pertinente pour illustrer le propos traité ;
- cela évite une répétition de mots et rend la lecture de la parole des enquêtés plus fluide, dans une retranscription la plus fidèle possible.

À l'intérieur des signes « [ ] », j'ajoute des informations afin de clarifier certains propos du locuteur.

Je nomme « informateur » et « enquêté », tout individu avec qui j'échange et qui me renseigne au cours d'entretiens formels et/ou informels.

CHAPITRE II
LES FACTEURS DE CONSTRUCTION DE PROJETS MIGRATOIRES

1. Un exode à plusieurs visages

Les facteurs de départ chez de jeunes « candidats à la migration » (Ngom, 2018)[1] de Diobakane sont multidimensionnels. Ils expriment leur volonté de partir par le fait qu'ils souhaitent participer à l'économie de leur famille. Ne parvenant pas à remplir le rôle qu'ils s'assignent à l'égard de leur famille et vice versa, ces hommes tournent leurs regards et leurs espoirs vers l'Europe. Cet espace représente, selon eux, un eldorado économique, une sorte de « dépositaire des attributs du prestige » (Fourquet, 2007)[2].

Je ne réduis pas les motivations d'émigrer au simple fait économique. Afin de ne pas tomber dans un écueil réductionniste, mais de permettre d'appréhender les migrations sous leur aspect multifactoriel, je souhaite axer l'analyse des discours dans leurs perspectives à la fois sociale, culturelle et politique.

Sont interrogées dans ce travail, à la fois les raisons des projets de départ, ainsi que les représentations associées à l'ailleurs : dans quelles mesures les désirs de rejoindre

---

[1] Ngom, Abdoulaye. « Les damnés de la mer ». Les candidats à la migration au départ de la Casamance. Association Française des Anthropologues | « Journal des anthropologues » 2018/3 n° 154-155 | pp. 285-304.
[2] Fourquet, Thomas. « Imaginaires migratoires et expériences multiples de l'altérité : une dialectique actuelle du proche et du lointain, Presses de Sciences Po | « Autrepart » 2007/1 n° 41 | pp. 83-98.

l'Europe sont-ils liés à la construction des imaginaires autour de ce continent ? Que nous apprennent-ils des contextes économique, politique et sociologique du village ? Comment les expériences migratoires des aînés sont-elles racontées aux cadets ? Quels impacts les récits sur les migrations, vécues ou non, produisent-ils dans l'imaginaire social de l'exode chez ceux qui ne sont pas encore partis et qui projettent de le faire ?

Il est intéressant de souligner l'aspect évolutif de l'exode rural à Diobakane. En effet, dans le village, les destinations se sont déplacées au fil du temps : le phénomène migratoire serait passé d'une échelle nationale à une échelle transnationale, d'après Kader, adjoint au chef du village[1]. Ce sexagénaire est né et a grandi à Diobakane qu'il quitte pour faire ses études universitaires à Dakar. Il y revient quelques années plus tard et fonde une famille. Il nous apprend que durant son enfance, si le phénomène de l'exode rural était déjà présent à Diobakane, il n'avait pas le même visage qu'aujourd'hui :

> « Parce que là l'exode était plutôt saisonnier, ils [les migrants] le faisaient par saison, à la saison sèche. Comme les jeunes n'ont rien à faire au niveau du village, parce qu'à ce temps-là, l'activité principale-là, était l'agriculture [...] les jeunes préféraient aller vers les villes pour se procurer un peu d'argent et venir soutenir les familles, et peut-être dans leurs besoins vestimentaires, les jeunes allaient vers les villes [...] comme à Dakar, Ziguinchor un peu partout. [...] Maintenant, à l'heure où nous sommes, l'exode a pris une nouvelle tournure. C'est surtout la tournure d'aller très loin jusqu'en Europe, et auparavant, c'était au Sénégal, l'exode se limitait, c'était entre les villes, mais aujourd'hui

---

[1] Issu de la lignée de la chefferie, il est le petit-fils de l'ancien chef du village. Ayant fait des études supérieures (1986-1993), il servait d'interprète à son grand-père auprès des autorités : « Comme ceux-là souvent ils parlent français et que le chef lui il parle pas français. »

c'est devenu continental. Alors cet exode continental, ça, c'est là où, parce que l'autre exode a beaucoup, beaucoup, beaucoup moins de dangers que celui que nous vivons aujourd'hui. »

L'exode aurait changé d'échelle au cours de ces soixante-dix dernières années, passant d'une émigration cantonnée aux frontières du Sénégal à une émigration s'affranchissant de ces dernières. L'une des grandes différences résiderait dans le danger que représente l'émigration d'aujourd'hui, comparé à celle d'hier.

Les causes de ces migrations vers l'Europe dont parle cet adjoint peuvent être comprises, en partie, à travers une explication que me donne Paul :

« En 2008 y'a eu un événement mondial qui s'est passé, en fait y'a eu un krach boursier [...] alors y'a eu deux événements économiques : y'a eu la Société Générale qui est une grosse banque mondiale et qui a sa banque au Sénégal, en Afrique de l'Ouest, [...] qui a perdu en une nuit à la bourse, plus de 5 milliards de dollars. Ça a été un truc de ouf quoi. Y'a eu l'affaire Kerviel[1] et [...] y'a beaucoup de personnes qui ont retiré leur argent des banques, et ça a fait un gros krash en fait mondial [...] y'a eu le choléra en 2008 pendant la saison des pluies, et en parallèle du coup à cause de la crise, le sac de riz il a doublé de prix. Et ça a été super violent pour les gens ici qui comprenaient pas pourquoi cette crise-là qui les touchaient pas du tout, en fait faisait que tous les cours mondiaux de plein de marchandises [...] ont explosé [...]. C'est vraiment là que y'a eu une recrudescence des départs en pirogue dont ici, on a perdu Yaya Konaté le frère de Pipa, Pipa l'électricien qui était reparti. Il était déjà parti en 2006, mais dans un camion frigorifique et là, qui est reparti en pirogue. »

---

[1] Tradeur de la banque *Société générale*, il est accusé en 2008 d'avoir fait perdre des milliards d'euros à celle-ci.

Nous percevons, à travers ce passage, de quelles manières les migrations depuis Diobakane, sont en lien avec la mondialisation des flux de capitaux. Afin de tenter de se rendre compte de la situation économique dans le pays, en 2008, le salaire mensuel d'un travailleur moyen (non-fonctionnaire) au Sénégal est de 40 000 francs CFA[1] (soit approximativement 62 euros). Il permet d'acheter un sac de riz de 50 kg (dont le coût s'élève habituellement à 25 000 francs CFA, soit environ 38 euros), ainsi que de payer le transport pour se rendre à son lieu de travail, indique à nouveau Paul.

Si le changement d'échelle de l'exode depuis Diobakane est une réalité, l'émigration vers les villes ne s'est pas pour autant arrêtée. Cette dimension de l'exode ne sera pas traitée dans cette recherche.

Bien que l'exode rural persiste aujourd'hui, on assiste à un retour temporaire d'un nombre important de jeunes vers les villages sénégalais durant les *Navétanes* :

> « Durant les grandes vacances les campagnes aussi sont bourrées de jeunes. Parce que ce qui les retenait un peu ici aussi ce sont les activités *Navétanes* […] les jeunes […] quittent Ziguinchor pour aller à Dakar, pendant l'*hivernage* (saison des pluies) vont aux activités de circoncision, de *kankourang* (esprit de la brousse) […] tout natif de Ziguinchor durant cette période, a envie de revenir vivre ces activités. C'est comme ici aussi pendant les *Navétanes*, tout ce qu'il se passait pendant l'hivernage, comme les jeux et autres, tous ceux qui y vont, aiment revenir pour vivre ces jeux-là. »

---

[1] Communauté financière d'Afrique. Le franc CFA est un héritage direct de la colonisation française du Sénégal et de treize autres pays d'Afrique de l'Ouest et centrale, faisant partie de la zone géographique « zone franc » : Bénin, Togo, Côte d'Ivoire, Burkina Faso, Guinée-Bissau, Mali, Niger, Cameroun, République du Congo, Gabon, Guinée équatoriale, République centrafricaine, Tchad.

Les *Navétanes* et les activités cultuelles participent au repeuplement des villages, le temps des travaux champêtres et des rencontres sportives, et amènent à des mouvements inverses de population vis-à-vis de l'exode rural (des villes vers la brousse).

L'impact de la pandémie de la COVID-19 sur le marché de l'emploi peut également être mobilisé pour comprendre les causes actuelles des départs. Pour les jeunes du village, durant cette période, s'ouvre une nouvelle voie de passage en direction de l'Europe : des vols d'avion (aller) vers le Maroc. En effet, depuis la fin de l'année 2020 et durant ce terrain, environ six jeunes ont été envoyés par un même passeur de migrants - je reviens dessus au chapitre II, dans la sous-partie intitulée : « Mohamed, passeur de candidats à l'émigration, Casamance » -. Ils sont partis par la même voie et se retrouvent pour la plupart dans le même logement.

Nous saisissons, à la lumière de ce qui vient d'être exposé, dans quelle mesure les migrations depuis Diobakane s'inscrivent dans un contexte économique globalisé et comment les échelles de mobilité se déplacent.

Les politiques migratoires européennes, acceptées et appliquées par les gouvernements des pays de départ et de transit, sont un autre élément du puzzle, qui impactent les parcours des candidats à l'émigration. Elles les amènent à emprunter des voies de circulation indirectes, devenues irrégulières.

2. Externalisation des politiques migratoires européennes

Les facteurs déterminants des projets migratoires par voies dites régulières et/ou irrégulières, ou encore légales et/ou illégales vers l'Europe sont de divers ordres.

J'emploie ces catégories en rapport avec leur cadre construit, normé et imposé par les politiques migratoires.

À partir des années 1990, les gouvernements européens réforment de manière progressive leurs politiques en matière d'asile, ce qui constitue les prémices d'une « externalisation des politiques d'asile et d'immigration », dont le terme est employé à partir du début des années 2000. D'après Claire Rodier, juriste au GISTI (Groupe d'information et de soutien des immigrés), et co-fondatrice du réseau euroafricain « Migreurop », l'externalisation désigne : « Un processus qui consiste, pour l'Union européenne, à effectuer ou à sous-traiter hors de son territoire une partie du contrôle de ses frontières » (Rodier, 2008)[1]. C'est en fait, selon cette même autrice, une « logique de déresponsabilisation » de la part de l'Europe. En effet, en donnant aux pays de départ ou de transit, le rôle de gestion des flux de migrants, l'Europe les expose en fait « à de mauvais traitements et s'expose elle-même […] au reniement de ces principes » (Ibid.). Ces « principes » dont parle l'autrice, font référence au devoir des États membres de l'UE (Union européenne) de respecter la convention de Genève relative au statut des réfugiés, qu'elle a alors ratifiée en 1951 (la Libye quant à elle, n'est pas signataire de la Convention).

Dans les faits, ces contrôles de flux migratoires sont réalisés par les ambassades des États européens, situés dans les pays de départ ou de transit, ainsi que par l'agence « Frontex » qui met en place des patrouilles, « navires et hélicoptères de guerre » (Grégoire, 2008)[2] afin de gérer les

---

[1] Rodier, Claire. « Externalisation du contrôle des flux migratoires : comment et avec qui l'Europe repousse ses frontières », *Migrations Société*, vol. 116, no. 2, 2008, pp. 105-122.
[2] Grégoire, Vincent. Migrants et réfugiés, ou la reconnaissance comme tri. Éditions de l'Association Paroles | « Sens-Dessous » 2008/2 N° 4 | pp 67-79.

déplacements, « intercepter et faire rebrousser chemin aux bateaux soupçonnés de transporter des migrants avant qu'ils n'entrent dans les eaux territoriales européennes » (Ibid.).

Ces politiques migratoires permettent ainsi de gérer à distance les flux de migrants, et, dans un même mouvement, de criminaliser ces derniers ainsi que leurs passeurs : « Dans plusieurs pays, comme le Sénégal ou le Maroc, la loi fait de « l'émigration illégale » un délit, épargnant aux États membres de l'Union européenne la tâche de gérer l'arrivée des migrants à leurs frontières, puisque ceux-ci sont interdits de départ » (Rodier, 2008). L'ambassade de France au Sénégal accorde ou non des visas, permettant de quitter légalement le pays et de venir séjourner hors de ces frontières (à l'extérieur du continent). Les conditions nécessaires à remplir sont multiples et représentent un coût financier plus ou moins élevé selon le candidat à l'émigration et sa famille - cette dernière participant souvent au financement du voyage -. Le prix d'un visa qui s'élevait auparavant à 60 euros (soit approximativement 38 000 francs CFA) a augmenté à partir de 2020 : « Le coût du visa Schengen a été porté à 80 euros (soit environ 51 000 francs CFA) depuis la révision du code communautaire des visas en février 2020 »[1], d'après le Rapport d'information à l'Assemblée nationale, relatif à la délivrance des visas. « L'UE a par ailleurs autorisé une hausse des frais de service exceptionnelle pour compenser la perte de revenus des prestataires sous l'effet de la crise sanitaire » (Ibid.). Il faut alors désormais ajouter les frais dits « frais de service », pouvant s'élever à 40 euros par

---

[1] Rapport d'information à l'Assemblée nationale, du 12 janvier 2021, déposé par la commission des affaires étrangères : https://www.assemblee-nationale.fr/

dossier depuis 2020 (approximativement 25 000 francs CFA). À ces dépenses, il faut additionner le coût des impressions des divers papiers demandés ; des déplacements jusqu'à l'ambassade de France à Dakar et à l'intérieur de la ville ; du test COVID-19 (PCR) depuis 2020 (25 000 francs CFA, soit environ 38 euros), sans compter le temps imparti pour effectuer toutes ces démarches. Par exemple, un déplacement aller-retour en voiture collective « 7 places » (transport en commun le moins coûteux)[1] depuis Diobakane jusqu'à Dakar, s'élève à 16 000 francs CFA (approximativement 24 euros), et le temps passé est d'une quinzaine d'heures en moyenne.

Ogo est né et a grandi à Diobakane. Trentenaire, il vit dans le village chez différentes familles. Il arrête l'école au collège et s'oriente vers une formation professionnelle, qu'il quitte avant sa fin. Dans les années 2010, il se rend au Maroc par avion, dans l'espoir de prendre la pirogue pour l'Europe. Il n'y est jamais parvenu et abandonne finalement cette idée. Il quitte l'Afrique du Nord et retourne vivre à Diobakane plusieurs années plus tard.

> « Parce que moi je trouve que ça c'est la politique de l'Europe quoi. Ils le font croire que ce qu'on est en train de faire c'est illégal parce que ça les arrange pas et que y'a d'autres migrants qui partent de l'Afrique. Afrique, Afrique, Afrique, Afrique ! Why they don't condamne that ? They condamne migrant from Africa to Europe ? Because they don't want people to enter and they come to illegaly, you understand ? That's why they criminalise [Trad : Pourquoi est-ce qu'ils ne condamnent pas ça ? Ils condamnent les migrants qui viennent d'Afrique jusqu'en Europe ? Parce qu'ils ne veulent pas que les gens entrent et qu'ils viennent illégalement, tu comprends ? C'est pourquoi ils criminalisent. Mais pourquoi pas criminaliser des

---

[1] Permet de se déplacer d'une commune à une autre, parcourant jusqu'à plusieurs centaines de kilomètres.

Africains qui voyagent d'Afrique en Afrique, [en] Afrique Subsaharien ? Y'a des gens qui partent en Guinée équatoriale, y'a des gens qui partent en Angola et […] leur voyage est encore plus périlleux que le nôtre […], mais pourquoi ils lèvent pas la voie sur ça ? Bah parce que quand c'est l'Europe ça dérange, mais quand c'est l'Afrique on parle pas, on reste bouche bée, est-ce que tu comprends ? La justice dans tout ça ? Parce que je te dis une chose Jeanne, tant que y'a la *Françafrique* l'immigration va continuer, ouais, tant que y'a des entreprises occidentaux, la France, surtout la France, ils viennent dans notre pays, pillent nos ressources naturelles. »

Depuis 2005, le Sénégal condamne les personnes empruntant des passages illégaux à cinq à dix ans d'emprisonnement et à payer une amende s'élevant de 1 à 5 millions de francs CFA (approximativement 1 550 à 7 750 euros).

Si officiellement l'externalisation des politiques migratoires a pour objectif de protéger les candidats à la migration, en réalité, on assiste davantage à une manière de limiter les arrivées d'individus jugés « indésirables » sur le sol européen. Intéressons-nous à présent au contexte d'embauche au Sénégal.

3. Contexte sénégalais : une faiblesse dans l'embauche et des études peu adaptées au marché de l'emploi
3.1. La problématique de l'emploi

Le manque de perspective d'emploi comme moteur des choix de migrer en Europe est récurrent dans les discours des enquêtés. À ce sujet, Abou Kane, professeur d'économie à l'université Cheikh Anta Diop de Dakar et chercheur au CREA (Centre de recherches économiques appliquées) précise : « Le marché du travail du Sénégal est caractérisé par une relative faiblesse du taux d'occupation. Il est largement admis que plus d'éducation conduit à de meilleures chances de trouver un emploi, mais au Sénégal, malgré l'accroissement continu du nombre de diplômés, la structure de l'économie ne permet pas encore d'employer toute cette main-d'œuvre » (Kane, 2014)[1].

D'après une enquête sénégalaise réalisée par l'Agence nationale de la statistique et de la démographie (ANSD) : « Plus de la moitié (57,9%) de la population en âge de travailler (âgée de 15 ans ou plus) a participé au marché du travail au quatrième trimestre de l'année 2020. La participation au marché du travail varie selon le milieu de résidence, avec un taux de 59,4% en milieu urbain, contre 56,0% en milieu rural. Ce taux varie également selon le sexe ; il est de 67,6% pour les hommes et de 48,6% pour les femmes »[2].

Puis, sur le site Internet toujours, nous apprenons que : « […] le Gouvernement a adopté en urgence une batterie de mesures telles que l'interdiction de toutes les manifestations publiques, la fermeture des frontières aériennes et terrestres […]. Ces mesures […] ont des effets sur les conditions de vie des ménages et sur les moyens d'existence de ces derniers, plus particulièrement à travers les répercussions sur le marché du travail » (Ibid.).

El Hadj est né et a grandi à Diobakane. Il fait partie du groupe de génération « London ». Il est issu d'une fratrie de six enfants (née du même père et de la même mère). Il étudie dans le collège situé dans un village voisin de Diobakane. Depuis la formation « *AmDiobaka* 2018 », il fréquente régulièrement *Ladioba* en journée, après l'école. Il commence à y vivre à partir du début de l'année. Je lui

---

[1] Kane, Abou. « Dynamique de l'emploi au Sénégal : un suivi de cohortes sur la période 1992-2011 », Revue d'économie du développement, vol. 22, no. 1, 2014, pp. 75-105.
[2] « Enquête nationale sur l'emploi au Sénégal, quatrième semestre 2020 », Dakar, 2021. (https://www.ansd.sn/)

demande où il souhaiterait vivre s'il venait à quitter l'association :

« Dans les autres pays [...]. En Europe. Mais pas la pirogue *dé¹* ! [...]. Je sais pas, la vie en Europe y'a la différence ici [...]. En Europe y'a plus de choses qu'il n'y a pas ici [...]. Ici tu restes, tu restes tu n'as pas de travail, tu restes ici, mais en Europe si tu vas, déjà tu trouves du travail. »

Dans sa famille, nombre d'hommes cultivent des fruits : oranges, bananes et papayes. Les femmes cultivent des légumes : tomates, piments, choux, aubergines amères, poivrons, oignons, etc. Avec l'argent qu'il pense gagner en Europe, il souhaite :

« Acheter des terrains et travailler là-bas [à Diobakane] [...] je vais planter des arbres, les oranges. »

Les deux récits qui suivent arrivent comme des contre-exemples des problématiques d'embauche dont nous font part les enquêtés précédemment.
Madiba est né et a grandi à Diobakane. Il fait partie du groupe de génération « Liverpool ». Il est issu d'une fratrie de 5 enfants (née du même père et de la même mère). Il quitte l'école au collège et travaille comme livreur de poissons entre Kfati[2] et d'autres localités en Casamance. Il y a quelques mois, il était sur le point de prendre une pirogue pour l'Espagne depuis la Gambie. Puis, il est venu s'installer à *Ladioba*. Il a un grand frère qui est arrivé dans ce même pays en pirogue en passant par le Maroc, il y a quelques années de cela.

- « Des fois si on vend, on achète trente caisses. Chaque caisse à 700 et 600 000 [francs CFA] (approximativement

---

[1] Interjection utilisée pour appuyer le propos énoncé.
[2] Ville située à quelques kilomètres de Diobakane.

930 et 1 085 euros). On le vend, jusqu'à chaque personne peut avoir 100 000, ou bien 150 (soit environ 1 538 et 232 euros). »
- « Par soir ou par journée ? »
- « Par journée. Ou bien par voyage si on part le lundi, jusqu'au vendredi. »
- « Ok. Et pourquoi tu as envie d'aller en Europe ? »
- « Pour que je puisse aider ma famille. Si je suis là, je ne vais rien faire. Je vais rester ici on va me donner à manger, à boire, si un jour un oncle ou bien mon père n'est pas là, qui va faire tout ça ? […] Si je vais faire des recherches, si j'ai de l'argent, je vais acheter du riz, ouais je vais acheter du riz. »

Pourquoi, si l'activité de Madiba génère une somme d'argent si élevée, ce dernier désire-t-il partir en Europe ?

À la manière de ce qu'écrivent les chercheurs en sciences humaines Nathalie Mondain, Alioune Diagne et Sara Randall, l'imaginaire construit autour d'une Europe comme d'un Eldorado est très fort. Lié aux envies de rejoindre ce territoire, il s'est constitué en un mythe de l'ailleurs « largement alimenté par les relations internationales » (Mondain ; Diagne ; Randall, 2012) [1] - j'y reviens dans la sous-partie de ce chapitre intitulée : « Des informations biaisées par des Sénégalais qui ont migré en Europe » -.

Ogo me fait part de la vision qu'il se fait du travail au Sénégal et en Europe :

« Je vois rien que je peux faire ici, parce que j'ai pas de qualification, je connais rien, seulement les études que j'ai fait. Tu comprends. En ce moment j'étais à Dakar, et si tu

---

[1] Mondain, Nathalie ; Diagne, Alioune ; Randall, Sara. « Migration et responsabilités intergénérationnelles : implications pour la transition à l'âge adulte des jeunes migrants sénégalais », Muriel Gomez-Perez éd., *L'Afrique des générations. Entre tensions et négociations.* Karthala, 2012, pp. 259-297.

viens ici, tout est bloqué, parce que tu sais pas où aller. J'avais eu des propositions. On m'avait proposé d'aller faire des [travaux] à l'atelier, ch'ai pas c'était quoi. J'ai trouvé que c'était une perte de temps, moi je voulais pas faire carrière dans [ce travail], je voulais pas faire carrière des petites [travaux] comme ça. J'ai refusé. J'suis là et je vois que les choses sont de plus en plus dures au village, ch'ui en train de prendre de l'âge, j'ai décidé de partir loin d'ici. Ou bien aller en Europe construire ma vie. Parce que je me disais au moins là-bas, je pouvais avoir une formation professionnelle quoi. Parce que on nous dit que dans les camps de réfugiés, on dit qu'on est informé quoi. On nous dit que les gens s'ils arrivent là-bas, ils partent, ils vont étudier quoi, ils vont à l'école. Y'a d'autres qui suivent des formations et ces gens-là, on les insère dans le milieu du travail, on est au courant de tout, on nous informe ça. Moi je me disais que ok, tant que j'ai pas la chance de faire mes études de soudure ici, une fois que je me rends en Italie, je vais essayer […]. »

Si Ogo a été formé au Sénégal et qu'il est parvenu à trouver un emploi dans la même branche et dans le pays, il refuse cette embauche. Il perçoit l'Europe comme un espace où se déploient ce qu'il nomme des « opportunités professionnelles », ce qu'il ne semble pas caractériser les travaux en atelier qu'il a refusés de faire. Cette idée provient de ce qu'il pense connaître des camps de réfugiés en Europe, qui d'après lui, sont des opportunités pour trouver un emploi et s'« insérer » dans le milieu du travail.

3.2. Des travaux peu ou pas rémunérateurs

Plusieurs informateurs me disent ne pas être payés lorsqu'ils effectuent des travaux pour lesquels ils ont parfois obtenu un diplôme de formation.

Tamba est né à Bnawé, un des villages voisins de Diobakane. Il a grandi entre les deux. Il fait partie de la génération « Oslo ». Deuxième enfant de sa fratrie (née du même père et de la même mère), il est le seul garçon. Il quitte l'école au collège. Dans les années 2010, il suit une formation d'électricité qu'il ne termine pas, car il ne parvient pas à payer la totalité des frais engendrés. Il parvient à réaliser quelques travaux dans le même secteur. Il fréquente *Ladioba* depuis 2017 et s'y installe dans les années qui suivent.

> « Au final moi, si tu regardes bien, ils [les candidats au départ] ont bien raison, parce qu'ici, même si t'as du travail, on te paye pas. Moi [...] j'ai jamais touché l'argent de 10 000 francs. »

Il m'explique qu'il n'est pas payé parce qu'il est toujours en apprentissage :

> « Je suis pas forcément payé, mais, j'apprends en ce moment du coup des fois il me donne, des fois il me donne pas. Je suis son apprenti qui apprend. L'argent ne m'intéresse pas beaucoup. S'il ne me donne pas, je lui demande pas, je le laisse. »

Au cours d'un autre entretien formel, il me soutient qu'il a déjà été payé « des fois 10 000 des fois 5 000 »[1] (approximativement 15,50 et 7,75 euros) et qu'il souhaite gagner davantage d'argent.

Il me relate une autre expérience de travail pour laquelle il n'a pas été payé et n'est pas parvenu à réclamer son dû :

> « J'ai ouvert [une boutique] ici, à Diobakane. La *tabaski*[2]

---

[1] Une journée de travail est rémunérée entre 2 000 et 5 000 francs CFA, soit entre 3 et 7,50 euros.
[2] « Fête du mouton », célébrée par les musulmans deux mois et dix jours suivant la korité, la fin du jeûne du ramadan.

y'avait beaucoup de monde. Je sais pas si j'ai touché, je sais pas 64 000 (environ 100 euros) tu vois. Mais des fois y'a des mamans qui amènent leur enfant, elles te disent : « Voilà moi je suis ta mère » [...] ; elle te dit : « Voilà ce sont tes frères, tu les coiffes ». Bah, tu vas pas leur dire « va te débrouiller, tu devais faire ça », tu vois. Et là le *tabaski* est fini, je reste dans ma [boutique] et y'a des gens qui viennent ils me disent : « Voilà tu me coiffes », je les coiffe ; il me dit : « Voilà, je vais passer après », et voilà ils partent comme ça. Et là, y'a tes amis qui viennent, ils prennent tes produits, ils le touchent, tu vas rien leur dire, tu leur laisses. C'est toi qui sors de l'argent, mais toi tu gagnes pas. Et quelqu'un il va te demander du travail, tu vas travailler. Il va te donner l'argent, mais, il va jamais te donner tout quoi. Et moi j'ai fait une construction avec des amis à la plage là-bas, il s'appelle Amath, j'sais pas trois mois on fait la construction là-bas, c'était dans le sable, j'ai même pas gagné même zéro franc là-bas. Et je n'ai jamais dit ça à personne et je n'ai jamais poussé les gens « payez-moi, payez-moi, payez-moi ». En fait, c'était avec Amath, la sœur de ma mère et son mari [le mari de la sœur de sa mère], et lui il était le chef de chantier. Je lui ai jamais demandé l'argent, trois mois je me lève à 7 heures du matin pour aller travailler là-bas, je me suis jamais levé à 8 heures. Nous on était trois. »

Les personnes qui ont embauché Tamba pour les travaux de construction ont voulu le payer à hauteur de 5 000 francs CFA (environ 7,75 euros). Tamba a refusé cette somme, car selon lui, le travail en valait plutôt 300 à 400 000 francs CFA (entre environ 465 et 620 euros). Une sorte de fierté semble amener ce jeune homme à refuser d'être sous-payé. Pour autant, il dit à certains moments, être en désaccord avec la manière dont il est traité avec l'argent, lorsqu'à d'autres moments, il dit accepter d'être peu rémunéré, du fait qu'il exerce un métier qu'il apprécie. Cette sorte d'ambivalence vis-à-vis de l'argent chez cet informateur engendre des discours quelque peu contradictoires. Ceci peut se comprendre par une timidité qui paraît le caractériser. Tamba me révèle mettre en place des stratégies de fuite plutôt que de s'affirmer, ce qui lui permet d'éviter bien des affronts. Il agit également ainsi face à l'argent :

> « Moi je travaille beaucoup, tout le temps. Tout le temps on me dit, on part en Gambie. Des fois vous gagnez plein de chantiers, et vous gagnez rien quoi, on te donne rien. J'ai jamais dit quelque chose. »
> « Avec l'argent j'ai pas trop le courage de faire des histoires pour de l'argent, j'ai jamais essayé de faire ça. »

Elimane est né et a grandi dans un pays voisin du Sénégal. Il fait partie du groupe de génération « Oslo ». Il est l'aîné d'une fratrie de quatre enfants (nés du même père et de la même mère) et il est le seul garçon. Il va à l'école jusqu'en classe de collège. Il vient habiter à Diobakane après 2017, pour vivre une « nouvelle vie », dit-il, et pour que les choses « soient meilleures », pense-t-il. Il s'installe à *Ladioba* après la formation « *AmDiobaka* 2018 ». Il souhaite voyager dans le monde pour connaître de quelles manières « les autres personnes vivent et ce qu'elles sont capables de faire », dit-il. Il réalise des travaux manuels çà et là. Je lui demande dans un entretien formel traduit par un autre informateur combien il est rémunéré :

> « S'il va travailler dans une maison, [...] une chambre, il préfère 2 000 [approximativement 3,10 euros). Mais les gens ils acceptent pas ça. Ils lui disent de diminuer, faire 1 500 [approximativement 2,30 euros] alors que 1 500, ça l'arrange pas, c'est là-bas qu'il va prendre son aller et son retour, et c'est là-bas qu'il va acheter les trucs pour fumer et donc voilà. C'est pas vraiment un truc de salaire quoi. »

La somme que perçoit Elimane ne permet pas de couvrir ses dépenses journalières. C'est la raison pour laquelle il demande à être payé 500 francs CFA supplémentaires (approximativement 0,77 euro). Il est à noter que dans ce calcul, le prix des repas quotidiens n'est pas mentionné. À l'association, celui-ci coûte en moyenne entre 500 et 1 000 francs CFA (entre approximativement 0,77 et 1,55 euro), lorsque dans une famille à Diobakane, il coûte plutôt 500 francs CFA.

    Djibril est né et a grandi à Diobakane. Il fait partie du groupe de génération « Oslo ». Il est issu d'une fratrie de quatre enfants (née du même père et de la même mère). Il suit sa scolarité jusqu'au collège. Il s'installe à *Ladioba* en même temps que Madiba. Ce jour-là, Djibril aurait dû embarquer sur une pirogue en Gambie en direction de l'Espagne. Mais le temps n'était pas clément et le capitaine de la pirogue a décidé de ne pas faire partir l'embarcation. Il a un grand frère qui est arrivé en Espagne par la pirogue, il y a quelques années de cela. Avant de s'installer à *Ladioba*, jusqu'au début de l'année, Djibril travaillait dans le transport de produits alimentaires en Casamance pour un homme du village. Il met fin à cette activité, car il estime qu'il n'est pas suffisamment rémunéré : « C'est un travail dur et tu n'as rien, pas d'argent 0». En effet, pour plusieurs heures passées dans le transport et à charger et décharger des poids lourds (50 kg par paquets), il ne gagne pas plus de 1 000 francs CFA (soit environ 1,50 euro). « C'est petit, c'est pas assez. »

    Maodo est né et a grandi à Diobakane. Il fait partie de la génération « Berlin ». Il est issu d'une fratrie de neuf enfants (née du même père et de la même mère). Il quitte l'école en classe de primaire pour aider son père qui parvient difficilement à financer le foyer. Aujourd'hui, il vit en France depuis près d'une année. Il est marié avec une femme française depuis un an avec qui il a un enfant. Depuis qu'il a quitté Diobakane, il effectue des aller-retour entre la France et le village. Avant de partir, il était chauffeur de taxi. Il me parle du temps où il travaillait au Sénégal :

> « J'ai trouvé aussi un travail avec une conseillère [...] au temps de Ablaye Wade[1], j'ai travaillé là-bas le gouvernement de Ablaye Wade, trois ans. »

Maodo aurait dû être payé 350 000 francs CFA par mois (approximativement 540 euros). Il n'a pourtant reçu, dit-il, que 1000 francs CFA par mois (approximativement 1,50 euro).

3.3. Des parcours scolaires avortés

Au Sénégal, il existe deux types d'enseignements : les *darah*, ces écoles coraniques où l'islam est enseigné à de jeunes *talibés* (apprentis du coran). Tous les enquêtés ont suivi cet enseignement et la plupart l'ont quitté de leur plein gré.

À Diobakane, il existe cinq grandes *darah* et plusieurs petites. Elles attirent au-delà du village, des *talibés* qui viennent de différentes régions du Sénégal et de pays frontaliers comme la Gambie. Un « jardin d'enfants » (institution catholique équivalent à l'école maternelle), dont le bâtiment situé dans le quartier catholique, accolé au couvent des sœurs, accueille approximativement quatre-vingts élèves, de toute religion confondue, répartis dans deux classes. L'enseignement est dispensé par deux institutrices, dont l'une que l'on peut voir sur la photographie ci-après.

---

[1] Président du Sénégal de 2000 à 2012 sous le Parti démocratique sénégalais (PSD).

Une classe du « Jardin d'enfants », juin 2021.

Sur un total d'approximativement 2 000 enfants au village, 672 élèves sont scolarisés au sein de deux écoles élémentaires républicaines qui fonctionnent avec le français comme langue d'enseignement. La première, « École 1 », créée en 1966, accueille 565 élèves, répartis dans douze classes allant du CI (Cours d'initiation qui précède l'entrée en cours préparatoire, CP) au CM2. L'enseignement est dispensé par douze enseignants. L'un d'entre eux est également le directeur.

« École 1 », mars 2021.

La seconde école, « École 2 », dont l'inauguration a eu lieu en janvier, est composée d'une classe de CI pour 61 élèves et d'une classe de CP pour 46 élèves, soit un total de 107 élèves, pour 2 enseignants qui occupent également les postes de directeur et de directeur adjoint.

« École 2 », avril 2021.

D'après Abou Kane : « L'éducation a un impact positif et significatif si l'on regroupe tous les secteurs d'activité, mais le fait d'arrêter ses études au secondaire réduit les chances d'être employé dans le privé. C'est l'enseignement supérieur qui a un impact positif et significatif sur la probabilité de trouver un emploi dans le privé » (Kane, 2014)[1].

À Diobakane, il n'y a ni collège ni lycée. Le collège le plus proche est situé à trois kilomètres de là, dans l'un des villages voisins. Les élèves s'y rendent pour la plupart à pied. Quant au lycée, il se situe dans une ville à plus de cent kilomètres de Diobakane.

Les jeunes de ce terrain ont pour la plupart quitté l'école en classe de collège, parfois en primaire. Rares sont ceux qui sont allés jusqu'au lycée, ou à l'université. Pour eux, la stratégie qui consiste à faire des études afin d'obtenir un travail plus lucratif à la sortie n'est pas envisagée.

Salif est né et a grandi à Diobakane. Il fait partie du groupe de génération « Oslo ». Il est l'aîné d'une fratrie de 4 enfants (née du même père et de la même mère). Il a quitté le village pour étudier au lycée. Il loge chez un tuteur[2] et revient au village de temps à autre chez ses parents :

> « Ici au Sénégal parfois tu vas étudier jusqu'à un certain moment, avec ton diplôme tu peux pas avoir de travail ici. […] C'est tellement compliqué pour trouver du travail ici, et tu vas étudier jusqu'à bac + 3 ou 4 ou même doctorat, pour même pas avoir de travail dans ton pays c'est grave ! Cause pour laquelle je prends la décision pour aller en Europe comme ça, même c'est pas en Europe dans des

---

[1] Kane Abou, « Dynamique de l'emploi au Sénégal : un suivi de cohortes sur la période 1992-2011 », Revue d'économie du développement, 2014/1 Vol. 28, p. 75-105.
[2] Un tuteur est une personne qui prend en charge un élève pour le suivre dans sa scolarité et ses études. L'élève vit généralement chez son lui, mais pas systématiquement.

autres pays […] plus avancé que le Sénégal, pour que je puisse travailler un peu et pour réussir pour ma famille. Ils sont dans des conditions tellement difficiles. »

El Hadj étudie au collège. Il se projette peu dans des études générales. Il a pour modèle, des aînés qui ont arrêté l'école. Chez lui, ce ne sont pas les projets qui manquent : il envisage de faire de la mécanique, de la menuiserie, ainsi que de la pose de carrelage, comme le font ses aînés.

Madiba, Ogo et Maodo expliquent les raisons pour lesquelles ils ont quitté l'école :

« J'ai laissé l'école en 2015, je voulais partir en 2016, je n'ai pas pu partir. Un jour je vais partir. » ; « Ici en Afrique si tu es là, si tes parents-là n'ont pas d'argent, tu ne peux pas être un professionnel, bon même si tu peux être un professionnel ça sera difficile. J'ai décidé de construire des maisons ou bien de faire des plomberies. En restant là j'ai décidé de faire des plombiers, parce que je n'pourrai pas, parce que je n'ai pas les moyens. » (Madiba)

« J'ai arrêté parce que j'avais pas de, j'avais pas de moyen pour continuer l'école. Parce qu'en fait je faisais de l'étude générale quoi, et on m'a orienté dans un centre de formation professionnelle. C'était en construction métal [métallurgie]. Mais c'était payant quoi, j'avais pas de moyen. J'suis resté six ans [dans son village] à rien faire, des petits boulots. C'est par la suite que je me suis décidé à aller. » ; « Là-bas, on demandait presque 2 millions, 1 million, 900 000 [approximativement 3 000 euros]. C'était 200 000 [environ 310 euros] qui manquaient seulement pour entrer dans 2 millions. […] Quand finalement ma maman elle est décédée, j'avais personne pour me payer l'école quoi […]. C'est par la suite que j'suis resté ici je faisais des petits boulots, des petits commerces par-ci par-là. » ; « J'avais sollicité FIER. On m'avait dit qu'on monte pas des projets individuels quoi. » ; « J'avais demandé partout des sponsors, ça n'a pas passé. Je suis retourné [au village]. [...] Je voyais [sur] Internet les gens qui partaient en Europe. Tu sais on est trop proche de la Gambie, c'est en ce moment que je me suis décidé de venir en voiture en Libye. » (Ogo)

« Comment tu vas faire pour aider ta famille ? Ton père s'il n'est pas la force pour travailler, comment tu vas faire pour aider ta famille ? Donc c'est pour cela moi-même à l'école je n'ai pas trouvé comment on dit, je n'ai pas avancé à l'école, parce que j'ai fait seulement CI, CP. J'ai laissé parce que j'ai vu mon père comment il passe à la maison, avec ma maman. Donc mon père il a deux femmes et puis […] moi et mes grands frères, et on a les mamans, on a pas les mêmes [ses frères et lui sont issus de même père et de mères différentes]. Donc j'ai dit même moi ma maman, moi mon père il est vieux, il peut pas faire nourrir nous tous la famille. Donc comment moi je peux faire pour aider moi mon père ? Comment je vais faire pour aider ma maman ? Donc j'ai dit mon père moi je vais quitter à l'école pour aller chercher le métier, pour je vous aide. Ils m'ont dit « non continue de faire à l'école », mais j'étais en train de continuer à faire à l'école jusqu'en CP. Même un cahier mon père pour acheter un cahier il peut pas. Moi je n'ai, je n'ai rien pour acheter les cahiers. Mes petits frères, mes sœurs, leur maman aussi, la deuxième maman, aussi y'a des élèves [*talibés*] qui sont là-bas, même acheter les choses y'a des problèmes. » (Maodo)

Maodo prend la responsabilité de subvenir aux besoins de sa famille. Il vient ainsi se substituer à son père, qui parvient difficilement à remplir son rôle de chef de famille. Ses parents s'opposent au fait qu'il quitte l'école. Nous comprenons que le niveau de vie de cette famille est bas, d'après les difficultés qu'elle rencontre pour acheter des fournitures scolaires.

Adama est né et a grandi à Diobakane. Il fait partie du groupe de génération « Oslo ». Il est le troisième enfant de sa fratrie. Son père vit actuellement en Europe. Lui, vit entre Diobakane, *Ladioba* et une ville du Sénégal. À Diobakane, il habite avec sa mère, ses frères et ses sœurs, et durant toute la période de cette étude, il a vécu plusieurs mois à *Ladioba*. Il fréquente l'association depuis 2017. En ville, il vit dans un appartement qui appartient à un membre de sa famille et pratique le football dans un club. Il travaille dans le transport en *Jakarta* depuis plusieurs mois. Il quitte l'école au collège, car il préfère jouer au football :

> « Moi je n'aime pas l'école, et quand je suis à l'école j'apprends pas mes leçons, même quand je rentre à la maison j'apprends pas mes leçons. Le soir je vais au terrain, le matin je vais à l'école, et quand j'pars à l'école des fois, j'écris pas mes leçons dans mon cahier. Le soir quand je descends [dans le sens de quitter l'école pour rentrer chez lui] c'est d'aller à l'heure au terrain. Même des fois même, si on devrait retourner le soir à l'école, si y'a le foot je retourne pas à l'école, je vais faire le foot, et j'ai dit ça, j'ai dit pour moi l'école ça, ça ne va pas fonctionner, c'est pour cela j'ai arrêté. »

Nous saisissons de quelle façon la question de la scolarisation touche de près les jeunes de Diobakane, qu'elle n'est pas spécifique au village, sinon structurelle au pays. Nous verrons dans la troisième partie intitulée « Des actions pour lutter contre l'émigration », de quelles manières la problématique de la scolarité est prise en compte dans l'élaboration du projet d'*AmDiobaka*. Mais restons dans notre partie pour le moment, afin de discuter de l'attrait pour les objets matériels chez les candidats au départ.

4. L'Europe ou le mythe de l'Eldorado
4.1. Le « matériel » comme source de prestige social
4.1.1. Posséder une « belle maison »

Je m'entretiens avec plusieurs enquêtés afin de saisir ce que la matérialité représente pour eux et la place qu'elle prend dans les projets migratoires. À ma question « Ça veut dire quoi quand tu dis que tu veux avoir une belle maison ? Tamba répond :

> « Avoir une maison en ciment et t'as tout carrelé, t'as tout dedans : télévision, tout, tu vois, et hum, ouais vous vivez bien. Ta mère qui va tout le temps récupérer de l'argent parce que son fils lui envoie de l'argent tu vois, voilà quoi, avoir une maison en ciment n'est pas facile parce que ça coûte cher. »

D'après ces propos, posséder une belle maison, renvoie à l'idée de réussite économique, puisqu'il s'agit d'avoir la possibilité de financer les matériaux de construction, dont le coût financier est élevé. Le matériel électronique, ici une télévision, tient une place importante dans la maison. Kader, l'adjoint au chef du village m'explique à ce propos :

> « Bon, une belle maison c'est, tu construis une maison, parce que même là, les gens leur disent, même si c'est une maison en banco[1], c'est le meilleur mur que nous pouvons avoir ici sur le plan de la sécurité, sur le plan de la température […] qui ne sécrète pas de chaleur […] le mur-là résiste bien [plus] que les murs en ciment […]. [En mettant] tout le nécessaire qu'il faut embellir ta maison, cette maison a beaucoup plus de considération. »

Nous comprenons dans quelle mesure posséder une

---

[1] Matériau de construction composé de terre et de paille.

maison permet d'accéder à un certain prestige social auprès de l'entourage.

Les représentations que Djibril se fait d'une belle maison, sont portées sur les objets qu'elle contient :

> « Construire une jolie maison, tu mets là-bas la télé le frigo, pour avoir le respect » ; « Tu as tout là-bas, si quelqu'un entre là-bas il va dire : « Oh, Djibril il a une belle maison ! ». »

Si le projet de maison est destiné à sa famille, le fait de posséder cette « belle maison » confère à Djibril une forme de prestige social à travers le respect qu'il acquiert auprès d'autres individus. Je lui demande alors la raison pour laquelle il est si important à ses yeux qu'on pense qu'il possède « tout ce qu'il faut ». Il m'explique qu'en voyant sa belle maison, l'envie viendra à d'autres jeunes de travailler afin de financer à leur tour, la construction d'une maison.

Je questionne à présent Kader sur les représentations sociales de la maison au Sénégal, notamment sur ce que signifie socialement le fait de posséder une maison :

> « Aujourd'hui la première des choses, la première valeur pour les gens ici, […] y'a même un adage africain qui le dit : « Avant de connaître un ami il faut aller jusqu'à chez lui ». Alors tu trouves un ami que tu rencontres dans la rue, il te parle bien, il te semble être un bon personnage, qui a tout, alors automatiquement tu te dis que ce type voilà, on va chez lui, et on trouve que peut-être qu'il est dans une cabane, malpropre, ainsi de suite. Alors quand on rencontre [quelqu'un] dans la rue qui n'est même pas bien sapé, alors tu vas chez lui, tu trouves une belle maison qu'il a construit pour lui-même, alors automatiquement tu as beaucoup plus de respect pour cette personne qui a construit cette belle maison, qui vit dans une belle maison, que cette personne-là qui est bien sapée et qui est en train

de tenir un bon discours et de manier le discours, alors tu as beaucoup plus de respect pour lui que [pour] l'autre. »
« Une maison avec étage, pour que les gens disent c'est la maison de [Kader], ça constitue une classe pour moi aussi, que les gens viennent me trouvent dans une belle maison, dans une belle villa, c'est important pour, surtout dans la société alors automatiquement tu vas voir que la société va me respecter. »

4.1.2. Posséder une voiture

J'interroge Tamba sur son rapport aux voitures, afin de comprendre l'enjeu existant derrière le fait d'en posséder une :

- « Qu'est-ce que ça fait d'avoir une belle voiture ? »
- « Ben ici si t'as une belle voiture, même si tu n'as rien les gens pensent que tu es bien. Ici c'est différent que l'Europe. Ici les gens ils vont aller en Europe parce qu'ici y'a rien. »

Si nous analysons le bout d'entretien avec Tamba, le fait de posséder une belle voiture apporterait un certain prestige social à son propriétaire. En revanche, ne pas en disposer, reviendrait à ne rien posséder.

Tamba poursuit en m'expliquant qu'il connaît des habitants de Diobakane qui vivent actuellement en Europe et font des allers-retours entre l'Europe et le village. Lorsqu'elles reviennent, ces personnes dit-il, « vivent bien ». Je lui demande alors de préciser ce que signifie pour lui « bien vivre » :

« Ben des gens qui reviennent, qui montrent qu'ils ont de l'argent. S'ils n'ont pas de l'argent, ils vont pas revenir ici, parce qu'ils ont forcément de l'argent pour pouvoir payer l'avion et revenir, repartir. Et ils font des trucs ici. Ils font des belles constructions, tu vois, et je connais un mec à

Bnawé [village voisin de Diobakane] il a construit une maison pour sa femme, sa famille, son père, et il a acheté un campement à côté [...] il roule des belles voitures, il est tout le temps, il porte les habits qu'il veut quoi tu vois. C'est son frère qui est en Europe. C'est un footballeur. »

La mobilité entre l'Europe et le Sénégal est un premier indice qui permet aux uns de juger le fait que celui qui revient possède de l'argent. Un deuxième indice est situé au niveau de ce que ce dernier laisse paraître à travers différents objets qu'il rapporte, construit ou achète : habits, maison, voiture. Le dernier élément représente une forme de liberté du fait de porter ce que l'on désire ou encore, autant d'habits qu'on le souhaite. L'objet matériel devient dès lors objet symbolique : un bien de prestige social.

« Bah parce que nous c'est notre imagination. On est des villageois, si on a même des petites mobylettes, putain, il est le premier à avoir la mobylette quoi. Et si un jour tu donnes une petite mobylette à ton fils putain, j'ai pas dit moi, mais y'a des gens [...] ils sont tellement jaloux, que c'est eux qui ont ça quoi, parce que c'est la vie des villageois quoi tu vois. »

Puis, Tamba me donne un second exemple, celui de la *korité* (célébration de la fin de la période de jeûne du ramadan) pour lequel les participants doivent acheter de nouveaux accessoires dont : des chaussures, des *boubou* (habits), « des pantalons avec body pour se rendre aux soirées dansantes » dit-il. La mère, est le plus fréquemment, le membre de la famille qui achète les habits alors financés par le père. Tamba poursuit en me racontant que tous les autres jeunes ont des habits neufs, excepté lui. Cette différenciation l'amène à questionner sa propre mère, quant aux raisons pour lesquelles celle-ci ne lui achète pas de nouveaux vêtements. Citant sa mère : « Dans la vie il ne faut pas se comparer avec des autres, [elle a dit] toi tu sais bien que moi j'ai pas les moyens ». Il me relate que si aujourd'hui il n'est pas envieux de ce que les autres jeunes possèdent, c'est grâce à l'apprentissage de sa mère :

« Toute ma génération, ils sont allés en Gambie ou bien à Kfati acheter des habits comme ça. Mais moi je m'en fous moi des fois si j'ai de l'argent, si y'a pas d'événement y'a rien, des fois je pense que je dois acheter des *boubous*. »

En plus de savoir que la migration a pour but de financer denrées alimentaires et objets matériels, elle induit un certain rapport entre les individus : le cadet souhaite dépasser son aîné. L'extrait d'entretien de Djibril qui suit illustre bien cette idée :

- « Moi je vois la différence. Lorsque mon frère il est parti en Espagne, il a construit la maison, il a acheté des chaises, il a acheté des carreaux, il a acheté du riz, lui il a tout fait, moi aussi je voulais faire mieux que lui […]. Lui [son frère] veut que je l'attende. […] Moi je voulais partir avant que lui il parte. Lui il a tenté de partir, il n'a pas pu, et il voulait partir une deuxième fois. Moi […] je voulais partir avant que lui il parte. »
- « Pourquoi tu veux faire mieux que lui ? »
- « Dans mon rêve je voulais aider, si, je sais pas si je vais être, si j'ai l'argent, je voulais aider les *talibés*. »

Si la question de posséder des biens matériels est régulièrement présente dans les discours des enquêtés, Kader me fait part de son analyse sur la question :

« Mais aujourd'hui, l'exode qui a monté aussi, c'est surtout le matérialisme qui a poussé ces jeunes vers cet exode-là. À vrai dire, c'est souvent ça le matériel, les jeunes qui quittent ici, vont en Europe, souvent tout ce qu'ils rencontrent là-bas, c'est pas ce qui intéresse les jeunes. Ce qui les intéresse surtout, c'est le matériel qu'ils amènent. Tu peux être là avec un ami, vous vous donnez de la cigarette, toi-même tu achètes 100 francs de cigarettes, tu lui donnes, et s'il a aussi, il te donne. Mais des fois [celui qui] va en Europe, quand il revient, c'est lui qui te paye un paquet de cigarette. Et tu le vois venir soit avec une voiture, [soit] tu le vois construire une grande maison, [...] ça crée un rêve dans la tête des jeunes qui sont sur place. Alors ils se disent [...] certainement aussi, « moi je suis le soutien de famille, je suis le soutien de famille alors il me faut aller pour soutenir ma famille. Parce que tout ce matériel-là, moi aussi j'ai envie d'avoir ce matériel-là que le gars il a [...] moi aussi je dois faire tout pour avoir celui-là, voilà. [...] Ce qui fait que la plupart de ceux qui font ce rêve, la plupart s'en vont, ils n'arrivent pas en Europe, ils sont échoués dans les eaux, ils restent dans les eaux et certains sont partis on a pas de leurs nouvelles. »

« Peut-être qu'ici, [c'est] avoir la plus grande fortune qui les pousse à aller de l'autre côté. Parce que à vrai dire, quand on prend l'exemple de Dicory [un jeune originaire du village qui s'est marié à une femme française et a eu un enfant avec elle] qui a quitté ici tout [et re-] vient avec une bagnole, il est en train de circuler en bagnole et souvent il est là [...] il paye du thé pour les autres [...] cela créé une envie pour les autres [...]. »

Le retour des jeunes au village en possession d'objets - ici une voiture - qu'ils financent grâce à l'argent gagné en Europe, rendrait envieux ceux restés au village. Cette opulence d'objets ramenés « au pays » renvoie une certaine image de l'Europe et de ses possibles.

4.2. Des informations biaisées par des Sénégalais qui ont migré en Europe

Limane est né et a grandi à Diobakane. Aujourd'hui trentenaire, il quitte le village pour suivre le secondaire, puis le lycée. Il s'inscrit ensuite à l'université Cheikh Anta

Diop de Dakar en études de sciences économiques. Il en ressort diplômé. Aujourd'hui, il travaille en tant que commercial à Dakar et ne revient à Diobakane que très rarement.

Il relate que nombre de jeunes qui séjournent actuellement en Europe renvoient une image faussée de ce qu'ils vivent réellement sur place, à travers notamment des photographies postées sur des réseaux sociaux (Facebook, etc.) ou envoyées à travers l'application téléphonique WhatsApp. Arrivant jusque dans les téléphones portables de ceux qui vivent loin des réalités européennes, ces clichés participent à la création des imaginaires de l'Europe et de ses possibles. Il raconte :

> « C'est ça le problème. Ceux qui sont partis, des fois ne disent pas la vérité aux gens qui sont là, ils les encouragent même de partir. Parce que, la plupart du temps s'ils partent, ils vont partir au niveau des centres commerciaux, ils se font photographier là-bas. Ensuite ils envoient tout ça là, et ils vont jamais montrer là où ils travaillent, là où ils logent, est-ce que tu as vu ? Mais à chaque fois, ils vont partir dans des endroits chics comme ça, des centres commerciaux. Moi ce que je vois-là, ils se font photographier jusqu'à envoyer des photos […] en ce moment-là les jeunes qui sont là s'ils voient ça, ils vont croire que tout est rose là-bas. Une fois là-bas mon *kay*, ce n'est pas le cas. »

Ici, nous saisissons le pouvoir de l'image et de ce qu'elle engendre au niveau des représentations de l'ailleurs. Je me demande comment Limane, lui qui n'a jamais voyagé en Europe, a connaissance des situations que vivent les jeunes dont il parle :

> - « Comment tu le sais toi qu'ils vivent autre chose que ce qu'ils montrent sur les photos ? »
> - « Bon, parce que ceux qui sont là-bas, ceux qui sont

partis, ils ne parviennent pas à faire quelque chose ici pour leurs parents, pour leur famille. Mais quand même, s'ils parviennent à gagner là-bas de l'argent, pour moi, mon *kay*, ils vont faire quelque chose pour là, pour leur famille ici, ils vont participer à tout ça. Mais y'a certains-là, ou bien certains de leurs frères-là [...] on dit que ces gars-là, ils ne font rien à la maison, à chaque fois on entend ça. »

Ogo me parle d'un de ses amis qui a quitté Diobakane et qui vit actuellement en Europe. Il ne se comporterait pas comme d'autres jeunes : il ne mentirait pas sur ce qu'il vit en Europe.

« Y'a d'autres gens qui viennent ici, ils sont peut-être des gens qui partent en Europe, qui sont dans des 4/4, très bien habillés [...], ils sont toujours dans le luxe quoi. Mais Mor, en le voyant tu sais que le gars-là, il a envie de vivre, est-ce que tu comprends ? Il a envie de vivre quoi, il vit quoi, il triche pas [...]. Tu sais y'a beaucoup de gens qui viennent de l'Europe, ils font croire qu'ils ont des femmes qui sont de l'autre côté quoi. Mais lui, ça, c'est un gars qui est simple quoi. »

Intéressée de savoir comment Ogo a acquis toutes ces connaissances vis-à-vis de l'Europe, je lui demande par quels canaux il se renseigne :

« Parce que j'étais à l'école, je suis des informations et puis, on a des frères qui sont partis en Europe ou aux États-Unis, on a Internet qui est là. Cela dit, le monde il est pas, c'est pas comme nous auparavant, les gens ils sont hyper informés maintenant via l'Internet et puis quelqu'un qui quitte la France [...] la soirée il est à Diobakane, tout ça, ouais. » ; « Tous les réseaux sociaux, même les migrants qui voyagent ils sont hyper, ils sont toujours connectés. Et puis y'a Messenger, WhatsApp, Wiles, Signal, Facebook, surtout Facebook, ouais. »

Dans la locution « être parti à l'école », il faut comprendre l'acquisition du français, ce qui permet de suivre les informations transmises dans cette langue et d'acquérir certaines connaissances sur le monde. Nous avons passé Ogo et moi, plusieurs heures devant le poste de télévision, installés dans le salon de la maison dans laquelle nous nous retrouvions afin de réaliser les entretiens. Le poste qu'allumait Ogo, tournait continuellement.

> « Au moins je sais que là-bas y'a la vie quoi. Même si on parle pas, tu sais ce que j't'ai dit les gens sont informés maintenant, oui, on voit ce qu'il se passe en Europe via Internet et via les frères qui sont en Europe et qui viennent ici. Au moins tu sais que ces gens ils vivent dignement quoi, même si tu sais qu'ils sont pas millionnaires, ils vivent pas dans des châteaux quoi, mais les droits les plus élémentaires ils ont accès quoi, et c'est l'eau potable, électricité. S'ils tombent malades ils se soignent et ils crèvent pas de faim quoi, est-ce que tu comprends ? On a cette information. […] Tu vois des gens qui viennent d'Europe tu sais que ces gens-là ils n'ont pas faim et puis s'ils tombent malades c'est leur droit de se soigner, et puis ils ont l'accès au soin, l'accès à l'eau potable, l'accès à l'électricité tout ça. Même s'ils travaillent pas y'a le social qui les assiste, mais nous ici même si tu travailles des millions et des millions et qu'un beau jour tu travailles pas, ça c'est pas le problème de l'État hein, ça c'est leur problème. Les gens veulent une garantie dans leur vie quoi. Parce que c'est l'argent qui fait migrer les gens quoi. Y'a d'autres qui sont là ils ont, ils ont des millions ici ils ont laissé leurs millions là, ils sont partis en Europe. Tu sais ce qu'ils cherchent ? Le bien-être et une garantie sociale qu'ils cherchent, mais pas l'argent […]. Parce qu'ils croient qu'ici y'a pas d'avenir, ouais, la corruption est là, nos gouvernements sont corrompus de la tête jusqu'au pied quoi. »
> « Même si c'est pas facile, mais je te dis, en Europe, les droits humains sont respectés là-bas ! Est-ce que tu

comprends ? Y'a des gens ils ont fait plus de vingt ans en Europe, ils ont pas de papier, est-ce que tu comprends ? Même s'ils ont pas de papier, s'ils sont malades, ils se soigneront, est-ce que tu comprends ? [...] Là-bas les droits humains sont respectés, ils ne sont pas bafoués quoi, même si les gouvernements essayent de les bafouer. Mais y'a les organisations non gouvernementales qui sont là, qui tiennent face au gouvernement qui leur dit : « Nan, ces gens-là il faut pas bafouer leurs droits, soit c'est des migrants, mais c'est des humains, ils ont droit à ça, ils ont droit à ça, ils ont droit à ça ». Mais pourquoi ces gens-là qu'on entasse dans des bateaux et qu'ils envoient en Europe, s'ils arrivent là-bas, on prend soin d'eux ? Parce que c'est leurs droits, est-ce que tu comprends ? C'est ça qui n'est pas en Afrique noire et dans le monde arabe. »

« Au moins là-bas, y'a des droits de l'homme qui sont appliqués quoi. Mais dans le monde arabe les droits ne sont pas respectés, ils ne sont pas appliqués, ils s'en fichent de ça. Mais en Europe au moins y'a les organisations non gouvernementales qui se battent pour le droit, est-ce que tu comprends ? En Europe l'intégration n'est pas difficile, ça prend du temps, mais si tu, il faut que tu te mets en règles les papiers, ils respectent les procédures hein, mais les Arabes, ils s'en foutent, toi tu es étranger. »

Il semblerait que dans le discours d'Ogo, s'opère une certaine confusion entre les citoyens français et les administrations (police, État). De plus, comparé à ce qu'il nomme « l'Afrique noire » et le « monde arabe », d'après lui, en Europe, les droits humains ne sont pas bafoués. Pour cela, il s'en réfère aux valeurs prônées par les États européens que ces derniers s'engagent à respecter. Ceci me fait dire que les représentations qu'Ogo se fait de l'Europe sont généralisées à certains cas, où effectivement, des personnes migrantes se retrouvent prises en charge par des organismes à certaines étapes de leur migration. Mais qu'en est-il des parcours migratoires où nombre d'entre ces personnes rencontrent sur leur route des emprisonnements (centres de rétentions), expulsions (OQTF, Obligation de quitter le territoire), démantèlements et évacuations de camps de migrants, etc. ? Il le précise d'ailleurs indirectement en citant les organisations non gouvernementales (ONG) accueillantes, venant répondre aux manquements des États européens en matière de prise en charge et d'accueil des personnes étrangères. En effet, si les États respectaient pleinement leurs engagements, nous pouvons nous demander si les associations avaient lieu d'exister.

Thiawlo est né et a grandi à Diobakane. Il fait partie de la génération « London ». Dans les années 2010, il tente de se rendre en Europe par la pirogue depuis la Libye. Des personnes qui vivent sur ce continent lui auraient dit qu'il était possible de gagner sur place jusqu'à 1 million 200 000 francs CFA (soit approximativement 2 325 euros). Nous savons que ce salaire, relativement élevé, correspondant à près du double du SMIC (Salaire minimum interprofessionnel de croissance) et est en réalité très peu accessible à tout un chacun.

Nous comprenons à présent, de quelle manière les images et les discours véhiculés par des Sénégalais installés en Europe, participent à la construction des désirs de migrer chez des jeunes qui ne sont pas encore partis.

Venons-en à présent à analyser dans quelles mesures la structure familiale des candidats à la migration joue un rôle majeur dans les causes des départs vers l'Europe.

5. Structure familiale et projets migratoires

Je traite dans cette sous-partie de la place qu'occupe la structure familiale dans l'élaboration des projets migratoires. J'analyse les récits de candidats à la migration vis-à-vis des rôles qu'ils me disent tenir dans leur famille.

Pour ce faire, je mets de côté l'implication financière de la famille dans la participation au voyage pour me focaliser sur les devoirs des candidats envers celle-ci.

En quoi la dimension individuelle du départ vers l'Europe est-elle structurée par une épaisseur familiale plus large ?

Les sociologue, anthropologue et démographe N. Mondain, A. Diagne et S. Randall, parlent d'un fait social en vigueur dans la société wolof, que nous retrouvons dans la société mandingue : « Les jeunes sont incités au départ sous l'effet combiné des normes sociales en vigueur dans la société sénégalaise, principalement wolof, où les aînés comptent sur leur descendance pour un soutien dans leurs vieux jours d'une part et des valeurs liées à la réussite économique dont les hommes tirent un prestige social très important qui les encouragent à « tenter leur chance » ailleurs pour tenter de s'enrichir d'autre part » (Mondain ; Diagne ; Randall, 2012)[1].

5.1. Fratrie et genre : mobilisation du rang d'aîné et du sexe masculin dans les discours liés aux projets migratoires

En quoi la place des candidats au départ au sein de leur fratrie et de leur famille est-elle décisive dans l'élaboration des projets de migration ? Que nous dit-elle de la structure familiale dans laquelle s'inscrivent les enquêtés ?

La place que les enquêtés disent tenir au sein de leur fratrie joue un rôle déterminant dans la justification de leur

---

[1] Mondain, Nathalie ; Diagne, Alioune ; Randall, Sara. « Migration et responsabilités intergénérationnelles : implications pour la transition à l'âge adulte des jeunes migrants sénégalais » in, Muriel Gomez-Perez éd., *L'Afrique des générations. Entre tensions et négociations.* Karthala, 2012, pp. 259-297.

entreprise migratoire. De quelles manières alors les attentes des familles envers les aînés conditionnent-elles et responsabilisent-elles ce fils, dans son rôle de garant des finances du foyer ? Elimane à ce propos explique :

> « C'est lui le premier garçon de sa mère, du coup sa mère, tout son espoir est sur lui, du coup il est obligé de quitter [son pays] pour venir ici. Comme le destin il a donné qu'il soit là, il est là, il accepte ça. » (Entretien traduit)

Dans chacun des récits, l'aînesse renvoie systématiquement aux enfants issus du même mariage. Lorsqu'une mère a mis au monde d'autres fils lors d'un autre mariage, d'un veuvage ou encore d'un divorce, ces fils-là, bien que considérés comme les frères pour les autres enfants de cette mère, ne sont pas pris en compte dans la classification hiérarchique entre les enfants. Il en va de même pour les fils du père issus d'un autre mariage, du fait cette fois, de la polygamie. C'est bien vis-à-vis d'une fratrie issue de même père et de même mère, que l'aîné situe sa place au sein de sa fratrie.

> « Je sais pas comment l'expliquer, mais c'est trop lourd, ouais. Tu sais moi ma mère il m'avait eu comme un seul garçon, ma mère elle m'aime beaucoup tu vois, mes sœurs aussi elles m'aiment beaucoup parce qu'elles me voient comme je suis le seul homme, tu vois. Si un jour moi je meurs et eux ils vont devenir quoi ? Comme ma mère ? C'est pour cela ma mère, elle m'aime beaucoup, elle me conseille de n'pas faire des trucs tu vois. Et voilà nous ici d'être un homme, c'est sauver la famille. Ici en Afrique si tu es un homme tu dois tout faire pour que la famille ne pleure pas, ouais. T'es obligé […]. » (Tamba)

À travers ce fragment de récit, nous percevons que la place de l'homme se situe à la fois en rapport à la fratrie et au genre.

« Je dois gagner de l'argent, aider ma famille, ma mère tu vois. Des fois ça me rend triste quoi tu vois. Si moi je reste ici travailler, je peux travailler, mais je peux pas gagner de l'argent. Je ne peux pas […] aider quelqu'un tu vois. Parce que même si je reste ici travailler, je peux rester ici travailler, gagner de l'argent, mais l'argent ça va pas me suffire, parce que moi aussi j'ai des frères et j'ai des sœurs, et j'ai ma mère. […] Et si eux ils ont besoin un jour que je les aide, ça va être difficile pour moi. Des fois, si je pense à ça, ça me saoule quoi tu vois. » (Tamba)

Nous constatons, à la lecture de ce passage, que le discours évolue au cours de l'entretien. Si Tamba dit ne pas pouvoir gagner d'argent, il précise ensuite, ne pas en gagner suffisamment. Ceci peut apparaître comme quelque peu contradictoire. En revanche, quand on sait que nombre de travaux ne sont pas toujours rémunérés, on peut comprendre que l'argent gagné ne suffise pas toujours à subvenir aux besoins des individus.

Si la mobilisation de l'argument de l'aînesse, qui prend place dans le jeu des stratégies discursives, permet de justifier le choix du départ, il reste que ce besoin de contribuer aux revenus familiaux est également présent dans des profils de cadets et de benjamins. Cette réalité peut être partiellement expliquée comme suit : dans la construction des familles, si l'aîné a déjà une activité rémunératrice participant à l'économie du foyer, celui-ci sera moins enclin à partir. Il revient alors au cadet d'endosser la responsabilité de prendre le départ.

Le fait de devoir gagner de l'argent pour la famille n'est pas toujours exprimé de manière directe par ses membres. Ce devoir se manifesterait de façon détournée au moment opportun :

« Une maman oblige pas son fils d'aller chercher de l'argent, parce que si tu obliges ton fils d'aller chercher de l'argent, ça c'est un truc dangereux : ou il va voler, ou il va

faire un truc que toi ça te plairait pas. Mais du coup c'est toi qui comprends la situation de ta mère, tu sais qu'elle a besoin d'aide, tu l'aides, si tu as gagné de l'argent, tu lui donnes. » (Elimane)
« Moi ma mère elle m'a rien demandé c'est moi qui pense que je lui dois. » (Tamba)

Les attentes des familles reposant sur les individus semblent être connues de ces derniers, sans qu'elles soient directement verbalisées de manière systématique. En atteste un échange avec Limane :

- « Est-ce qu'on peut dire que pour toi aussi, elles [les personnes de sa famille] attendent un retour ? »
- « Moi je me dis que […] personnellement mes grandes sœurs m'avaient aidé. Personnellement, personne ne me demande de l'aide. Mais moi je me dis que, bon peut-être eux [ses grandes sœurs] ils ont fait quelque chose pour moi, et moi aussi il y a des enfants là-bas, je vais essayer de faire quelque chose pour eux. Moi ça que je me dis, j'essaie chaque mois de faire un tout petit peu pour la famille. Mais surtout pour ma mère hein, parce qu'elle est un peu âgée là. »

Il s'agit, dans le cas de cet homme, de rendre aux personnes l'aide qu'il a préalablement reçue d'elles. À la manière de l'ethnologue Marcel Mauss, il est possible d'avancer que les relations d'argent s'inscrivent dans des liens de don et de contre-don[1], plaçant les individus dans des rapports d'interdépendance. Ici, la dette contractée par Limane envers sa famille lorsqu'il était plus jeune tend à s'effacer alors qu'il a grandi. Nous percevons, à la manière de l'anthropologue Michel Agier, que la temporalité qui sépare le don du contre-don est essentielle à la relation :

---

[1] Mauss, Marcel. « Essai sur le don. Forme et raison de l'échange dans les sociétés archaïques ». Année sociologique. Paris. 1923.

« [...] le fait de recevoir signifie l'acceptation de la relation [...]. Or, recevoir implique de rendre, ce qui engage la relation. Mais pour que celle-ci existe vraiment, il convient de ne pas rendre immédiatement, ce qui interromprait la relation aussitôt née. C'est le temps laissé entre le recevoir et le rendre qui permet la relation entre deux personnes [...] » (Agier, 2016)[1]. Je relance Limane :

- « Donc en fait, elles ne te disent pas qu'elles attendent quelque chose de toi, mais c'est toi qui le penses. Qu'est-ce qui te fait alors penser qu'elles attendent quelque chose de toi ? »
- « On voit la situation même si on n'te dit pas quelque chose, mais, de temps en temps y'a pas mal de problèmes et tout ça là. Et si tu as vu, toi aussi tu dois participer, tu dois essayer de faire quelque chose [...]. »
- « Ah d'accord ça n'est pas dit directement ? »
- « Ouais ouais, c'est pas dit directement. Et des fois on te dit directement hein. Et des fois même bon, y'a beaucoup de gens en dehors de la famille qui font des demandes et tout ça là [...]. »

L'extrait suivant révèle l'expression d'une injonction directe de parents envers leur fils. Salif est un jeune lycéen. Il ne gagne pas encore d'argent. Ses parents le poussent à en trouver :

« Parfois vous vous réveillez comme ça [...] les parents qui te demandaient là-bas tu n'as rien, si vous avez un peu d'argent là-bas pour financer. [...] Parfois si vous voulez pas avoir de problème avec les parents, il faut faire tout pour satisfaire la famille. Sinon tu vas t'asseoir un jour, tes parents viennent, ils te disent que tu as rien fait, tu es là à étudier pour rien. Tu vois ça va énerver mentalement, et ça

---

[1] Agier, Michel. « Les migrants et nous. Comprendre Babel. » CNRS Éditions, 2016.

te fait mal. Un jeune comme moi, je peux pas satisfaire la famille c'est tellement [...] pleurer chaque jour dans ta chambre [...]. C'est la seule solution, je voulais partir pour réussir ma vie et pour aider la famille quoi. »

Si l'on sent chez cet informateur, un besoin de répondre aux injonctions de ses parents, l'idée d'aller en Europe ne semble cependant pas émaner d'eux, sinon de Salif lui-même. Sa situation étudiante induit chez lui une difficulté à pouvoir réaliser un travail rémunérateur en plus de suivre ses études. La pression de ses parents vient interroger ainsi la place qu'occupent les études à leurs yeux.

Nous saisissons d'après l'entretien qui suit que, Limane doit, outre le fait de répondre aux demandes de certains membres de sa famille, donner plus qu'il n'a reçu d'eux :

« Je dois lui donner de l'argent quoi pour ses besoins. Et aussi comme c'est une grande famille, chaque mois il y a quelqu'un qui te demande de l'argent. Il y a les sœurs, les neveux, et aussi j'ai beaucoup de neveux-là qui sont aussi des étudiants. Et ces gens-là des fois, ils attendent beaucoup, parce que s'ils ont des problèmes, il faut qu'ils me sollicitent. Et je suis obligé quand même de les aider, ouais. Parce que lorsque j'étais étudiant quoi, des fois si j'ai des problèmes, ce sont leur père, parce qu'eux leur père sont mes grands frères[1], ce sont eux qui parfois m'ont soutenu. »

Limane se sent redevable envers ceux qu'il nomme ses « frères » (équivalent de cousins en français) qui l'ont aidé lorsqu'il était plus jeune. Aujourd'hui, afin d'annuler la dette qu'il a contractée envers eux, il doit donner aux

---

[1] Ici, grand frère, dans le système de parenté occidentale, serait désigné par le terme de cousin. En effet, Limane se dit être redevable envers les parents de ses neveux, qu'il désigne sous l'appellation « frère ».

enfants de ces mêmes frères :

> « Je pense que j'avais huit ou neuf ans comme ça, ce sont eux qui nous ont pris en charge ouais. Et maintenant c'est à nous toujours quand même d'aider [...] les enfants [...]. Je dois essayer de faire mieux quand même, ouais pour la famille. C'est ça qui est essentiel quoi pour moi. »

Ici, le remboursement de la dette se fait en différé, et le contre-don se doit d'être plus élevé que le don.

Puis, Limane m'explique qu'il ne se rend qu'occasionnellement à Diobakane. Je lui demande alors les raisons qui le mènent à ne retourner que rarement dans son village natal :

> « Si je pars là-bas tout le temps mon *kay* ça deviendra un peu [...] les gens qui demandent de l'argent ils sont là à te soumettre des problèmes. Des fois tu seras sensible parce que tu es obligé de leur aider, même si des fois tu es obligé de t'endetter quoi pour eux. »

Le choix que Limane fait, en entreprenant de revenir le moins possible à Diobakane, tient au fait qu'il tente, de cette façon, d'échapper aux demandes financières « à tout-va » de la part de sa famille. À Dakar, il se tient donc à distance de celle-ci et du jeu des demandes d'argent incessantes. Néanmoins, nous comprenons qu'il ne peut y échapper complètement même à distance, lorsqu'il me dit envoyer de l'argent à sa famille.

Dans le cas où l'individu ne parvient pas à répondre à l'attente de sa famille, les conséquences se font ressentir :

> « Si la famille attend quelque chose de toi et que tu ne parviens pas [...] tu as des soucis. Moi-même personnellement, des fois, ça m'arrive en tête hein. Parce que je me dis à cet âge-là mon *kay* peut-être je dois faire un peu plus. Mais je veux dire que bon, jusqu'à présent,

parce que ma mère est là-bas [au village], mes frères sont là-bas [idem], même si, tous les grands frères-là travaillent hein, ils aident leur famille tout ça. Mais moi je me dis peut-être je dois faire plus pour ma famille. »

Si la responsabilité de devoir envoyer de l'argent ne repose pas entièrement sur Limane, mais qu'elle est partagée entre ses frères et lui, nous comprenons que cela ne suffit pas : il faut qu'il donne, davantage que ce que ne donnent déjà ses frères, sinon cela n'est pas suffisant :

- « Ça serait quoi faire assez selon toi ? »
- « Bon, pour moi c'est de faire encore, c'est d'essayer de faire un peu plus, oui. Comme par exemple si je dois envoyer de l'argent pour la famille ou bien pour ma mère elle aussi, des fois mes sœurs [...]. Faut beaucoup là, ouais et c'est même parce que jusqu'à présent [...]. Tout ça là bon, ça vous met un peu de la pression [...]. Mais je me dis que bon *inchalah* [« si Dieu le veut » en langue arabe] quoi je vais, je peux y parvenir. »
- « Et comment tu peux faire ? »
- « Bon, faire un peu beaucoup plus de sacrifices hein, ouais, essayer aussi d'économiser encore plus hein, ouais, je pense que c'est la seule solution. »

Comme nous venons de le voir, certains projets migratoires sont pensés et voulus par l'enquêté lui-même. Ils apparaissent comme la réponse à une demande directe ou indirecte de sa famille, de participer à l'économie du foyer. Toutefois, le projet peut être envisagé par un membre du groupe (aîné) en direction d'un autre membre (cadet). L'adhésion par l'individu qui a été choisi pour réaliser un tel plan est imbriquée dans des rapports hiérarchiques qui se jouent entre aînés et cadets.

5.2. Droit d'aînesse
5.2.1. Un oncle qui décide du départ de son neveu

Quels rôles le système familial hiérarchique en vigueur dans la société sénégalaise joue-t-il dans l'organisation des projets migratoires au village ?

Les informateurs de cette enquête disent appartenir en grande majorité au groupe « ethnoculturel » Manding, encore appelé Socé ou Malinké. L'historien Djibril Tamsir Niane, affirme que « Les Malinkés avaient déjà adopté les coutumes locales qui veulent que pouvoir et biens soient transmis non de père en fils, mais d'oncle à neveu (par voie utérine). En effet, la succession matrilinéaire est un trait spécifique aux peuples sénégambiens » (Niane, 1989)[1]. Dans la même veine, Fatou Sow, sociologue féministe, chercheuse sur les questions de genre en Afrique, nous explique que : « [...] Quel que soit le système, la masculinité prédomine, comme en attestent les rôles importants du frère et de l'oncle qui, dans les systèmes matrilinéaires, détiennent le pouvoir de décision » (Sow, 2011)[2].

Je souhaite présenter au lecteur, différents cas de figure mettant en exergue des liens familiaux matrilinéaires et hiérarchiques : des oncles et leurs neveux ; deux frères ; des fils et leur mère.

Solal quitte *Ladioba*. Un oncle *utérin* (un frère de sa mère) qui habite en Europe, entreprend de le faire venir chez lui. Là-bas, il pourra travailler, car cet oncle gère une activité qui génère de l'emploi :

---

[1] Niane, Djibril Tamsir. Aux origines du Gabou, *Histoire des Mandingues de l'Ouest*. Sous la direction de Niane Djibril Tamsir. Karthala, 1989, pp. 35-54.
[2] Sow, Fatou. Féminisme : Une question politique. Éditions Kimé | « Tumultes » 2011/2 n° 37 | pp 51-57.

« Il y a mon oncle [...] ce mois-là, chez nous là-bas, un grand mariage là-bas, un grand mariage, après le mariage, normalement je ne dois pas être là, peut-être je vais être au Maroc, ou bien [Europe][1]. Mais Léou lui il sait très bien, c'est pas tout le monde qui sait, mais Léou [responsable du site de l'association *AmDiobaka* dans le village] lui il discute avec ma mère [...] j'attends ma carte d'identité parce que j'ai déposé ma carte d'identité. »

Si Solal sait qu'il doit quitter le village, il ne connaît pas le voyage auquel le destine son oncle :

- « Donc là, si tu vas au Maroc, tu penses que tu vas prendre la pirogue ? »
- « Au Maroc ? Je n'ai jamais parti là-bas, je ne sais pas, il y a les avions ou bien ? Ou bien c'est la pirogue seulement, ou bien tu n'es jamais partie là-bas ? [...] Je ne sais pas, c'est lui qui choisit, je ne sais pas si je prends la pirogue. C'est lui qui va choisir. Peut-être lui-même il veut que je vais seul, parce que le temps-là, je n'ai pas de carte d'identité. Il m'avait dit que si tu as la carte d'identité, je l'ai dit que nan. Il m'a dit : « Ah ok, moi je vais faire tout pour que tu viens ici ». Il m'avait dit : « Tu vas partir par, à côté du Mali, s'il te demande de l'argent tu prends, tu payes jusqu'à au Maroc ». Je l'ai dit : « Au Maroc ? La route est très longue pour moi seul ». Il a dit : « Ok attends, mon ami-là, lui aussi il doit venir dans quelques jours vous allez aller ensemble ». »

Le projet décidé par l'oncle est accepté par le neveu, qui, s'il se montre prêt à partir, parvient à négocier l'une des conditions du voyage : celle de ne pas partir seul. Puis, il me demande s'il peut voyager sans carte d'identité, si cela coûte cher d'envoyer une invitation à quelqu'un depuis

---

[1] Ici, le lieu de destination est large afin de ne pas indiquer de manière trop précise le lieu de vie de cet oncle, dans le but d'éviter au lecteur de reconnaître le jeune en question.

l'Europe. Cela me fait dire que Solal ne connaît ni les moyens ni les conditions de voyage et de préparation qui l'attendent. Il sait que le Maroc est un pays quelque peu éloigné du Sénégal. Je le questionne sur son ressenti quant à l'idée de partir, afin de savoir s'il adhère ou non, au projet de son oncle :

> - « Au départ je voulais pas aller […] au départ moi je n'veux pas quitter à la maison, je n'veux pas quitter à *Ladioba* ici, pour aller, je dis nan, là c'est bon. »
> - « Et maintenant pourquoi tu veux ? »
> - « Parce qu'il m'a raconté beaucoup de choses, si si, il m'a raconté beaucoup de choses. Il m'a raconté beaucoup de choses. »

Solal explique qu'avant cet oncle *utérin*, un autre de ses oncles le destinait à partir en Europe. Sa mère s'y était opposée. C'est finalement un des fils de l'oncle *utérin* qui a fait le voyage du fait qu'il était plus âgé que Solal. Puis, cet oncle est décédé et l'oncle *utérin* a pris le relais. Je questionne Solal quant au désir de sa mère de le voir partir :

> - « Ta maman elle est d'accord pour que tu partes ? »
> - « Ouais au début elle était pas d'accord maintenant elle est d'accord, elle est d'accord, elle est contente […]. Ouais maintenant elle est d'accord, maintenant elle est d'accord [rires]. Maintenant si je veux, je vais aller en Allemagne, elle va être contente [rires] tu vois là […] Moi je suis très content être à *Ladioba*. Je veux vivre ici personne ne te dérange pas, personne ne te dérange pas à *Ladioba*, et si au village y'a du bruit là-bas ou bien, quelque chose là-bas nous ici, on est là on est tranquille, personne ne te dérange pas, tu es libre ».

D'après son ressenti, tranquillité rime à la fois avec absence de sollicitation de la part des habitants de Diobakane et avec liberté. Néanmoins, sa présence au sein de l'association provoque quelques craintes chez certaines personnes dans le village :

> « Les gens du village, beaucoup de gens ne sont pas d'accord de rester ici. Tu vois, y'a les gens qui vont voir mon père, ils disent à ma mère pourquoi tu laisses ton fils aller à *Ladioba* pour travailler là-bas alors qu'il y a des gens qui fument tu vois là partout. »

Durant les mois où j'étais à *Ladioba*, Solal est parti. Il est retourné vivre chez sa famille au village et a commencé une activité de *jakartaman*, c'est-à-dire, à travailler dans le transport de personnes en *Jakarta* (taxi moto)[1].

---

[1] Le système de travail de taxi-moto est le suivant : dans le cas où la *Jakarta* n'appartient pas au travailleur, celui-ci doit rapporter une somme journalière au propriétaire qui avoisine les 3 000 francs CFA (4,50 euros). Les frais de réparation sont à la charge du conducteur.

Jakarta, juillet 2021.

« Les obligations et le sens du devoir de tous et des hommes en particulier à l'égard de leurs familles et parents sont fortement valorisés, le non-respect de ces valeurs pouvant entrainer la marginalisation et l'exclusion de l'individu du groupe » (Mondain ; Diagne ; Randall,

2012)¹. Cette citation nous éclaire sur le bien-fondé du respect des règles en vigueur tenues par les aînés.

Venons-en à présent à discuter de ce cas de figure, où un frère aîné souhaite faire venir son frère cadet en Europe, par la voie irrégulière de la pirogue.

5.2.2. Un grand frère qui incite son cadet à rejoindre l'Europe en pirogue

Tamba me raconte qu'un de ses grands frères (issu de même père et de mères différentes) vit actuellement en Europe. Il est arrivé du Sénégal en pirogue, quelques années auparavant. Celui-ci l'incite à venir le rejoindre par la même voie. Tamba me dit être tenté de répondre à son appel, car en tant que garçon unique de sa mère et étant en âge de travailler, il se doit de gagner de l'argent pour sa famille. On a ici une corrélation « parfaite » entre : devoir gagner de l'argent et rejoindre l'Europe par la voie irrégulière.

Finalement, après plusieurs entretiens formels et informels avec Tamba, j'appréhende autrement la place que prend chez lui, l'idée de se rendre en Europe. En effet, d'un projet de départ m'étant présenté de sa part comme émanant de son frère, je comprends au fil de nos échanges que, son propre désir et celui de son grand frère, se rejoignent et se confondent.

Est-ce que chez Solal et chez Tamba, le projet de partir naît du chef de leurs aînés, ou encore émane-t-il de leur propre désir ? Vient-il répondre à la volonté de leurs aînés d'après le droit d'aînesse ?

Si le droit d'aînesse est impliqué dans des départs de

---

[1] Mondain, Nathalie ; Diagne, Alioune ; Randall, Sara. « Migration et responsabilités intergénérationnelles : implications pour la transition à l'âge adulte des jeunes migrants sénégalais » in, Muriel Gomez-Perez éd., *L'Afrique des générations. Entre tensions et négociations.* Karthala, 2012, pp. 259-297.

jeunes, j'ai pu constater des cas où l'autorité d'une mère sur son fils avait provoqué l'effet inverse, allant jusqu'à retenir le fils au village.

5.2.3. Une mère qui s'oppose au projet de départ en pirogue de son fils

Je rencontre la mère d'un jeune candidat au départ qui habite à Diobakane. Elle est célibataire et travaille dans la vente de légumes. Elle réside avec deux jeunes hommes, dont l'un est son fils et l'autre, un homme qui n'est pas originaire de Diobakane, ainsi qu'avec une jeune fille du village. Cette mère parlant de son fils :

> « Quand il vient le départ, il vient jusqu'ici dire « moi demain je vais aller à Dakar, je vais aller en Europe ». Il a commencé à dire il va partir, il va partir, je l'ai dit nan, tu vas pas, tu vas rester, tu vas travailler. Cette année [un passeur] est en train d'essayer d'emmener, il va partir il va partir hein ? [rires] Je lui dis c'est pas sûre moi j'ai peur de, pirogue, très peur, moi-même traverser ici dans cette petite pirogue, si je pars en Gambie je pars, mais j'ai très peur, avant de passer le marigot [1] là, j'ai très peur. Il a dit il va partir, je l'ai dit nan, reste, tu vas travailler […] tu vas aller jusqu'à la route, ton argent il est fini. Je sais pas comment tu vas faire. Je l'ai dit moi je n'ai rien, si ça t'arrive sur la route, comment je vais faire pour t'envoyer de l'argent, je n'ai rien. Je l'ai dit reste, quand tu as dit tu vas partir là-bas, tu vas partir, mais partir comme ça, beaucoup d'argent, c'est pas sûr, les marigots-là. »

Nous concevons, à travers cet extrait d'entretien, que la situation financière de cette mère restreint la

---

[1] Le dictionnaire « Larousse » définit ce terme comme suit : « Dans les pays tropicaux, bras mort d'un fleuve ou d'une rivière, ou mare d'eau stagnante ; tout petit cours d'eau » (https://www.larousse.fr/dictionnaires/francais/marigot/49483).

possibilité de participer au financement du trajet de son fils. De plus, la peur qu'elle développe à l'égard d'une traversée en pirogue (ici un court voyage sur le fleuve séparant le Sénégal et la Gambie) limite son adhésion au projet. D'après elle, son refus de voir son enfant un jour prendre le départ en pirogue amène ce dernier à suivre ses recommandations et à ne pas entreprendre le voyage. L'autorité de cette mère a donc un impact sur le choix de son fils. Cela m'a été confirmé par Tamba lui-même :

> « Moi j'ai toujours eu l'opportunité d'aller en Europe avec le bateau, mais sauf que moi je veux pas trop, et ma mère aussi elle veut pas. C'est pour cela j'ai jamais voulu d'aller en Europe. C'est pour ça des fois si tu me demandes tu me regardes dans les yeux, tu me dis : « Est-ce que toi tu veux aller en Europe » je te dis non, c'est parce que c'est à cause de ça. »

Tamba me dit souhaiter partir de chez sa mère pour s'installer ailleurs. Cette décision vient, entre autres, du fait que la chambre qu'il occupait avant d'avoir quitté la maison est aujourd'hui investie par un autre membre du foyer. Je demande par la suite à sa mère ce qu'elle pense du fait qu'il ne vive plus chez elle. À cela, elle répond que la situation lui convient puisqu'elle vit avec un autre de ses fils.

Un autre informateur me dit que l'une des raisons pour laquelle Tamba souhaite ne plus vivre chez sa mère (et cette réalité serait valable pour beaucoup de jeunes qui vivent à *Ladioba*), tient au fait qu'il aurait honte de prendre les repas chez elle. Ainsi, vivre à *Ladioba* pour un jeune de Diobakane, pourrait permettre : d'alléger la charge matérielle (coût financier) d'une « bouche à nourrir ».

Ogo m'explique une autre raison qui amènerait les jeunes à vouloir quitter le foyer de leurs parents :

« Les gens, ils en ont marre du regroupement familial, parce que vingt personnes dans une seule maison, forcément souvent il va avoir des tensions des querelles, tout ça. Et puis maintenant avec l'évolution du monde par les gens, même les Africains ils veulent se débarrasser de cette vie-là [...]. »

« Pour toi et que tes enfants vont vivre là-bas, tu vas leur payer de quoi aller à l'école, tu vas leur payer la nourriture. Ils n'auront pas de problème de nourriture, ils vont avoir accès à l'éducation, même si c'est des écoles privées tu peux payer. C'est ça qui frustraient des gens pour aller [en Europe] parce qu'ici tu ne trouves pas de travail qui peut faire tout ça, mais d'autres veulent chercher une vie meilleure quoi, une vie stable garantie. »

Nous le constatons ici, pour Ogo, aller en Europe et gagner de l'argent permettrait plus que de construire une maison : cela semble remplir toutes les conditions propices pour élever des enfants et leur permettre de vivre « une vie stable garantie ».

La figure de la mère a été de nombreuses fois évoquée au cours des entretiens. Elle apparaît comme l'une des références centrales dans l'élaboration du choix de rejoindre l'Europe. Il s'agit à présent d'appréhender de quelle façon se joue ce repère central. Comment la matrilinéarité prend-elle place dans la relation aux fils ? Quelle est cette figure maternelle à qui les candidats au départ destinent leur argent ?

« Moi j'aime bien ici, j'aime bien la Casamance, mais j'ai envie de gagner de l'argent. Et dans la vie, il te faut de l'argent. Si tu tombes malade, personne va pas te donner de l'argent pour que tu vas te soigner quoi ? Et si ta mère elle tombe malade, comment tu vas gagner de l'argent, et moi aujourd'hui, ma mère, y'a personne pour l'aider. Ma mère, je le souhaite pas, si elle tombe gravement elle doit avoir des opérations, c'est des problèmes, et moi des fois ça me rend fou quoi tu vois. » (Tamba)

Ici, cet informateur avance l'idée selon laquelle il ne serait pas possible de gagner de l'argent en Casamance. De plus, il exprime le fait qu'il serait le seul à pouvoir subvenir aux besoins de sa mère. Au cours d'un entretien précédent, il m'avait précisé que sa sœur et le mari de cette dernière envoyaient de l'argent à sa mère. De plus, chez elle, habite son autre fils qui travaille et qui participe ainsi au fonctionnement de la maison. Si Tamba pense porter tout le poids financier afin de subvenir aux besoins de sa mère, la situation qu'il dépeint s'éloigne quelque peu d'une réalité autrement exprimée.

La place que Tamba occupe auprès de sa mère participe du schéma de la structure familiale qui détermine les rôles de chaque membre. Même si l'économie familiale semble déjà tourner - en partie - par l'action de certains membres de la famille, Tamba doit, à son tour, participer à cette même économie, ce qu'il ne parvient pas à réaliser étant donné qu'il ne perçoit pas d'argent pour le moment. En cela, la place d'homme aîné qu'occupe Tamba dans sa famille induit le fait qu'il doive participer à l'économie familiale.

Il est à noter que ce récit qui mobilise la question de la santé est davantage une exception plutôt qu'une règle. En effet, lors des entretiens que j'ai réalisés, les causes de l'exode qui me sont exprimées sont essentiellement portées sur d'autres aspects : maison, objets technologiques et besoins alimentaires essentiellement.

Le lien avec la mère peut être défini sur la base d'un don et d'un contre-don, auquel le fils se doit de participer et donc, d'inscrire ses actes dans des devoirs à accomplir envers elle :

« C'est écrit dans le coran, ta mère c'est de l'or quoi. Elle t'a porté dans son ventre depuis neuf mois, tu as commencé à parler, à marcher, c'est elle qui te fait tout jusqu'à grandi. C'est elle qui te fait tout pendant que toi t'es à l'école, [que] tu peux pas te débrouiller tout seul. C'est ta mère qui t'aide trop, et là, si toi tu réussis à l'école, ou [que] t'as laissé l'école, t'as un métier tu le fais. Si t'as pas une bénédiction de ta mère, tu vas jamais réussir [...]. On te fout le camp, tu vas un autre travail, on te fout le camp. Et les gens ils vont dire eux ils n'ont pas la bénédiction de leur mère. » (Tamba)

La mère est aussi celle avec qui le fils est relié par une dimension spirituelle, celle qui l'accompagne par des souhaits :

« [...] Parce que nous ici, ta maman elle va tout faire pour que toi tu sois heureux. Tout ce qu'elle voit dans la vie c'est toi, tout ce qu'elle a, elle va te donner de l'amour, tout ce que t'as besoin, elle va te donner [...]. » (Tamba)

Nous comprenons à la lecture de ce récit que le rapport à la mère entretient un lien étroit avec la religion et le spirituel. De plus, c'est à travers ce rapport que s'établit un rôle social, celui reconnu par le groupe :

« La première chose, c'est ta mère, et là si tu veux tu peux aider, tu peux commencer à faire des trucs pour ta femme. Mais la première chose, c'est ta mère. Et si tu l'as pas fait, toi ton argent sert à rien quoi. Et je pense que tu vas devenir pauvre hein. Si tout le temps ta mère elle te donne des bénédictions, ou elle te dit de faire ça, tu fais ça, tu vas être une personne qui a de la bénédiction. »

Les enquêtés emploient régulièrement la locution « aider ma mère ». Je demande alors à Adama ce que cela signifie pour lui :

- « Quand tu dis aider ta mère, c'est l'aider dans quoi ? »

- « Parce que nous ici, nous les Africains nos mères, nos mamans, même si leur mari a de l'argent, elles vont faire le jardin, le jardinage, aller aux champs et tout ça, et moi, ce que je veux, je veux que ma mère soit, qu'elle ait, on est nombreux dans la maison, on est que des hommes. Et de voir ma mère travailler dur, ça me touche. C'est pour cela [...] je voulais aider ma mère pour qu'elle reste et pour qu'elle se repose. [...] Moi je veux devenir riche, je vais lui dire d'arrêter le travail dur et tout ça, c'est pour cela je voulais l'aider pour faire ses besoins, ce qu'elle a besoin, et de l'argent, quel que soit, je suis là pour elle. »

Le jardin dans lequel sa mère cultive se trouve à près d'un kilomètre de son lieu d'habitation qu'il juge être « un peu loin » :

« Quand je la vois en train de travailler ça me touche, ce qu'elle fait en tant qu'une femme. C'est pour cela je dis ça je veux l'aider pour qu'elle reste tranquille, tous ses besoins je peux les faire. »

Yacine est né dans une ville d'un pays frontalier du Sénégal et a grandi entre celle-ci et Diobakane. Il a quitté l'école en classe de collège. Il est issu d'une fratrie de 4 enfants (née du même père et de la même mère). Son grand frère vit en Occident depuis plusieurs années. Dans les années 2010, il prend la route jusqu'en Libye, dans l'espoir de prendre la pirogue pour l'Italie, mais n'y parvient pas. À la fin des années 2010, il retourne dans son pays d'origine. Aujourd'hui, il vit de manière temporaire à *Ladioba*. Il fait de nombreux aller-retour entre Diobakane, des villages alentour et le pays dont il est originaire. Il m'explique le lien qu'il entretient avec sa mère et le fait qu'elle ne parviendrait pas à le laisser quitter le foyer. Il me livre alors les souffrances que cela génère chez lui :

« Ma mère aussi, elle ne veut pas que je parte d'ici. Elle veut que je reste avec elle parce qu'à chaque fois, elle veut me voir tu vois, travailler là-bas, donc rapporter de l'argent là-bas, toujours avec elle. Parce que je suis le seul fils maintenant. Mon grand frère est en Amérique depuis dix ans maintenant, donc c'est la vie, donc je suis le seul ici. Il reste que moi ici maintenant, donc ma mère parfois elle veut me voir, même hier, demande à Léou [il mobilise une tierce personne, pour m'assurer qu'il dit vrai] : [il l'imite] « Yacine ne m'a pas appelé jusqu'à présent, pourquoi ? Je veux entendre la voix de Yacine ». Donc c'est pour cela, à chaque fois je ne veux pas appeler ma mère. Parfois, quand je l'appelle ma mère, ça me rend malade [rires], parce qu'elle dit tout le temps qu'elle veut me voir : « Viens ! », donc, elle m'appelle comme un bébé, donc, je ne suis pas un bébé ! Je suis un grand homme maintenant, je dois être libre, aller où je veux, […] c'est pourquoi j'ai un petit problème [rires] je ne peux pas rester à un endroit [rire]. Des fois je suis ici, des fois je suis avec ma mère, donc c'est un problème […]. Si j'appelle ma mère aujourd'hui, demain je retourne [chez lui] [rires]. »

Yacine rencontre des difficultés en ne parvenant pas à construire son propre projet de vie ainsi qu'à être adulte et autonome. Il se sent infantilisé et contraint dans ses mouvements. Il explique en partie la réaction de sa mère, par le fait qu'il est le seul de ses fils à vivre en Afrique.

« Je préfère ma vie en Casamance ici. Oui, je ne peux pas rester [dans son pays], mais là où je veux rester, Casamance, rester ici, avoir un bout de terrain […], ma femme, et rester, relax, travailler tout le temps [rires]. C'est la vie, oui la vie est comme ça. Donc, mais personne ne sait comment est ta destinée, ton futur, personne ne sait […] où tu vas aller, personne ne sait où tu vas rester, seulement Dieu sait. Tu décides, seulement mais Dieu est le Créateur. Dieu

Tout-puissant est le Créateur, il est l'homme qui a l'habitude de créer, mais tu décides, tu dis oui je ferai ça, mais Dieu le seul qui fera ça [rires], donc, mais c'est la vie. »

La filiation matrilinéaire est une règle « qui décide que l'individu acquerra les principaux éléments de son statut et notamment son appartenance à un groupe de parenté de référence aux seuls liens généalogiques passant par les femmes » (Panoff ; Perrin, 1973)[1].

Nous pouvons appréhender, à la lumière de ces divers récits, la nature du lien qui unit les fils à leur mère. Le système matrilinéaire définit les liens entre ses deux membres d'une même famille : il s'agit pour les fils d'honorer leur parentalité. C'est cette relation qui est, entre autres, mobilisée afin de justifier le choix établi de devoir rejoindre l'Europe pour gagner de l'argent.

À présent, je souhaite aborder un autre élément qui permettrait de comprendre davantage les causes de volonté de départ des jeunes. Il s'inscrit dans la composition de la famille et il est structurel.

5.3. Assurer la dot du mariage
5.3.1. Thiawlo, ancien migrant revenu au village

J'émets l'hypothèse selon laquelle, la dot du mariage à payer pour la femme représenterait une pression sociale sur l'individu masculin. Ne parvenant pas à réunir la somme exigée, la fuite vers l'Europe apparaît alors comme une solution à cette problématique. Je décris le portrait de Thiawlo. Il a tenté de rejoindre l'Italie en pirogue, il y a plusieurs années de cela.

---

[1] Panoff, Michel ; Perrin, Michel. « Dictionnaire de l'ethnologie. » Payot. Paris. 1973.

Thiawlo est né et a grandi à Diobakane. Il est âgé d'une vingtaine d'années. Dernier enfant de sa fratrie (née de même père et de même mère), il vit actuellement avec ses frères, ses sœurs et ses oncles au village. Dans les années 2010, il arrête l'école, car il souhaite rejoindre l'Europe. Il est alors au collège. Puis, après avoir réuni assez d'économie[1], il quitte Diobakane et le Sénégal par la voie terrestre dans un premier temps. Parti de Dakar, il traverse plusieurs pays de la Communauté économique des États d'Afrique de l'Ouest (CEDEAO)[2] en voiture : Mali, Burkina Faso, Niger, et réussi à arriver jusqu'en Libye. Sur la route, il est emprisonné durant deux à trois mois. Il finance sa libération grâce à la vente de son jardin à Diobakane par un membre de sa famille qui lui envoie l'argent. Il obtient 250 000 francs CFA (approximativement 390 euros)[3]. Arrivé en Libye, il réalise des petits travaux pour financer la fin de son voyage. Il parvient à quitter le pays en pirogue, en direction de l'Italie. En mer, il est rapidement arrêté une première fois et mis en prison. À sa sortie, il tente une seconde fois la traversée. Il est à nouveau arrêté et est expulsé de la Libye et rapatrié au Sénégal. De retour à Diobakane un an plus tard, il travaille en tant que *jakartaman* pour son oncle qui a financé l'achat de la moto.

---

[1] Afin de financer son voyage d'une somme de 950 000 francs CFA au départ (approximativement 1 470 euros), il réalise de petits contrats en tant qu'ouvrier.

[2] La CEDEAO, créée en 1975, permet à des ressortissants de quinze pays d'Afrique de l'Ouest de se rendre librement dans ces différents États sous simple présentation de la carte d'identité. Il s'agit du : Bénin, Burkina Faso, Cap-Vert, Côte d'Ivoire, Gambie, Ghana, Guinée Conakry, Guinée-Bissau, Libéria, Mali, Niger, Nigeria, Sierra Léone, Sénégal, Togo. En pratique, nombre de personnes qui ont voyagé dans cette zone, ont dû s'acquitter d'une somme d'argent (allant de 2 000 jusqu'à parfois 5 000 francs CFA) à chaque passage aux frontières.

[3] Sachant qu'une baguette de pain coûte approximativement 100 francs CFA.

Il gagne entre 3 000 et 4 000 francs CFA par jour (entre 4,60 euros et 6,20 euros).

5.3.2. Les causes de son départ

Ce sont les conditions de vie de sa famille qui, d'après Thiawlo, l'ont amenées à partir. Après le décès de ses deux parents lorsqu'il près de dix ans, son grand frère a pris en charge les dépenses de la famille. Devenu « grand », Thiawlo a dû commencer à son tour, à participer aux finances du foyer :

> « Il doit se débrouiller seul pour réussir dans la vie, donc c'est son grand frère qui prenait en charge tout ce qu'il voulait. Maintenant s'il [qu'il] est devenu grand, maintenant lui aussi il doit transpirer pour trouver une solution. Donc la solution c'est de collecter une somme d'argent, beaucoup de sommes d'argent pour aller. » (Entretien, traduit)

Selon cet enquêté, les revenus en Europe sont : « Beaucoup plus élevés là-bas, le travail est plus facile à obtenir ». Lorsque je lui demande combien d'argent il pense pouvoir gagner en Europe, il répond que d'après ce que lui ont dit des personnes qui vivent sur place, il pourra gagner jusqu'à 1 million 200 000 francs CFA (approximativement 2 325 euros).

Aujourd'hui, cet homme est marié avec une jeune femme du village. Ensemble, ils ont deux enfants en bas âge. Le couple ne vit pas dans la même maison. Dans la société mandingue, la femme une fois mariée quitte la maison familiale pour rejoindre celle du mari ou une maison que ce dernier fait construire. Ce ménage n'entre dans aucun des deux schémas. Cela est dû au fait que l'enquêté n'est pas en mesure de payer la dot de sa femme :

« Pour que son mari la récupère, y'a une certaine part de dot qu'il doit verser à la famille, à la fille avant qu'on la raccompagne chez elle [...] il faut que son mari se débrouille qu'il puisse verser cette somme-là et préparer la fête pour qu'elle puisse aller. » (Entretien traduit)

La dot coûte selon les familles entre 125 000 et 300 000 francs CFA (entre 193 et 465 euros) : « Ça, c'est uniquement la dot sans compter les festivités. Si tu n'as pas tous ces moyens-là, la femme est obligée de rester chez elle en attendant que tu regroupes. » (Entretien traduit)

Awa est la femme de Thiawlo[1]. Elle est âgée d'un peu moins de 20 ans. Elle me dit être favorable à ce que son mari tente à nouveau de rejoindre l'Europe par la voie irrégulière. Je lui demande s'il lui a raconté l'expérience qu'il a vécue au cours de son voyage. Elle répond qu'il ne la lui a pas relatée. Je lui demande de quelle manière elle a alors appris la nouvelle de son départ :

« Lorsqu'il m'a dit ça, j'ai pensé à ma famille, comment je vais vivre ici avec ma famille sans lui et moi je n'fais rien, c'est lui qui me donne de l'argent, je m'occupe des enfants. Maintenant s'il est pas là comment je vais faire pour vivre [avec les] enfants ? »

Cette enquête mentionne la présence d'enfants dont elle a à s'occuper, alors qu'elle précise au cours de l'entretien ne pas avoir eu d'enfant avant le départ de son compagnon. De quels enfants s'agit-il alors ? S'agit-il des siens ? De ceux d'une sœur ou d'autres femmes de la maison ? À l'époque, le couple n'était pas encore marié.

---

[1] Je réalise deux entretiens avec elle. Le premier est individuel. Pour le second, j'ai fait appel à un traducteur, du fait de la barrière de langue. Nous verrons dans quelle mesure la réalisation de deux entretiens a été féconde pour l'analyse.

Le traducteur relate qu'en cas d'absence du mari, la femme peut compter sur la famille de celui-ci, afin de subvenir à ses besoins. Du fait qu'elle n'était pas mariée lorsque son compagnon a quitté le village, cette informatrice pouvait-elle alors recevoir l'argent de la part de cette famille ? Autrement plausible, avait-elle eu son premier enfant hors mariage ?

Au cours du premier entretien, Awa rapporte que son compagnon l'avait informée de son projet de départ quelque temps avant celui-ci, lui confiant de garder le secret.

« Avant le ramadan, il m'avait dit qu'après le ramadan il va partir ou bien après je sais pas, mais il m'a rien dit à ce moment-là. »

L'information apparaît quelque peu contradictoire. Je fais alors l'hypothèse que cette femme a été tenue au courant du projet de départ de manière approximative, qu'elle n'avait pas eu accès aux détails. En effet, dans le même entretien, elle nous apprend qu'elle et son compagnon avaient communiqué à propos de l'entreprise de départ :

« Je l'ai dit que il va pas partir, mais, il m'a dit que il doit partir pour chercher de l'argent pour que on [se] vive je lui ai dit maintenant c'est bon il faut partir. »

Ainsi, nous comprenons que si Awa au départ ne se montre pas favorable au projet migratoire de son compagnon, elle tombe finalement d'accord. Elle semble s'être fait convaincre de l'intérêt du projet migratoire par son compagnon, par l'argent que cette migration est censée rapporter au foyer.

Le projet de départ d'un jeune, est généralement confié à un groupe très restreint de personnes, qui plus est, à des personnes très proches (famille ou ami). Lorsqu'Awa dit : « On se connaît pas à ce moment-là, c'est depuis qu'il est venu il revient on s'est marié », comment est-il alors possible pour cette femme, en ne connaissant pas son actuel mari, d'avoir connaissance du projet ? Que signifie pour elle « connaître l'autre » ? Peut-on penser que cette affirmation vient renforcer l'idée selon laquelle on ne crée pas un couple avant le mariage ? Ou bien Awa a-t-elle falsifié la réalité pour l'entretien et n'avait en fait jamais été mise au courant du projet de son compagnon ? Je remarque qu'à plusieurs reprises, les enquêtés répondent à mes questions de manière affirmative, alors même qu'ils pensent l'opposé ou qu'ils n'ont pas d'avis sur la question. Awa a-t-elle, lors de cet entretien, procédé ainsi ?

Au cours d'un second entretien, cette fois en présence d'un traducteur, Awa dit avoir été mise au courant du projet migratoire au moment où son compagnon avait déjà pris la route.

> « En ce moment-là elle ne sortait pas avec, il n'y avait pas de relation entre eux qui permettrait de se confier à elle. » (Entretien traduit)

D'après ce traducteur, le fait que les deux jeunes n'entretenaient pas de relation de couple établie, est la raison pour laquelle la femme n'a pas été mise au courant du projet. Cette contradiction de discours entre le premier et le second entretien m'amène à questionner la nature de la relation entre cet homme et cette femme avant le départ du premier.

Ce changement de discours peut tenir au fait de la présence du traducteur, de sexe masculin, d'âge plus avancé qu'elle, habitant le village et étant l'oncle de son mari. Au cours de l'entretien, ce traducteur m'explique que les relations hors mariage sont mal vues (interdites ?) dans le village :

« Ici c'est le concubinage, de ne pas se marier avec quelqu'un et de vivre ensemble [...] vous vous mettez ensemble sans qu'il y ait une relation officielle. Vous s'aimez les deux, même si vous n'avez pas de moyens il faut vous débrouiller. »

Ainsi, nous pouvons penser que si Awa avait entamé une relation avec son compagnon avant qu'il ne parte, elle se trouve au cours de l'entretien dans l'incapacité de me le raconter ici, du fait de la présence du traducteur[1] qui, durant notre échange, rappelle cette règle de mariage en vigueur dans le village.

J'interroge Awa afin de saisir à quoi est destiné cet argent qu'elle espère avoir par son mari :

« S'il y a des moyens, s'il y a de l'argent, c'est nous tous qui va manger de l'argent. Il est parti il m'envoie de l'argent, je mange [rires]. »

Nous notons ici, la double occurrence du terme « manger » qui signifie à la fois « se nourrir » et « dépenser de l'argent ». Puis, l'interlocutrice précise que l'argent sert au ravitaillement de la maison, à payer les frais médicaux pour les enfants, ainsi qu'à l'achat d'habits. L'argent ici, correspond à des besoins liés à la sécurité alimentaire et sanitaire, ainsi qu'au fait de se vêtir. Ce dernier peut entrer, à la fois, dans la catégorie « sécurité » et la catégorie « matériel » et « social ». En effet, on sait à quel point la

---

[1] La traduction rend parfois difficile la possibilité de dissocier le discours de l'enquête de celui du traducteur. À des moments, je me rends compte que les propos relatés sont ceux du traducteur, du fait d'une prise de parole de loin, plus longue que celle de l'enquête. Cette réflexion amène à penser la question de la fidélité de la traduction et de la fiabilité du traducteur. À partir du moment où une tierce personne intervient dans l'entretien, son discours devient un matériau de l'enquête.

dépense d'argent entre en compte lors de certaines festivités cultuelles et culturelles telles que la *Tabaski* : l'achat de nouveaux habits pour toute la famille compte au niveau des relations sociales.

Aujourd'hui, Awa m'explique qu'elle attend de son mari qu'il parvienne à payer sa dot :

> « Elle aussi comme son souhait est que son mari puisse aller à la recherche de quelque chose qui va la ramener à la maison. »

La question de la dot à payer pour accéder au mariage peut nous permettre de comprendre l'attrait de Thiawlo et de sa femme pour l'Europe. L'accord d'Awa, quant à une deuxième tentative de passage illégal en Europe de Thiawlo, peut s'appréhender comme un élément déterminant l'envie de rejoindre le foyer de ce dernier, à la manière de ce que dicte la coutume.

Venons-en à la question du risque que représente l'exode vers l'Europe, ainsi qu'à la question de la transmission de l'expérience migratoire.

6. Représentations du risque des traversées et transmission d'expériences

En amont du terrain, l'un des objectifs que je fixais à cette étude était de rendre publique la parole de personnes ayant fait l'expérience de la migration. Ceci permettait aux jeunes qui ne sont pas encore partis de connaître d'un peu plus près les expériences de ceux qui ont déjà tenté l'Europe par des voies irrégulières. Ainsi, je partais du présupposé selon lequel, la parole de ceux qui ont migré n'est pas partagée au sein des cercles d'interconnaissance - famille et amis -, engendrant davantage de départs de jeunes. J'envisageais de mettre mes compétences ethnographiques au service du projet associatif : apporter des connaissances de terrain sur l'exode afin de permettre à l'association un accompagnement plus approfondi des candidats à la migration.

Si cette réalité s'est montrée exacte dans nombre de cas, des entretiens m'ont révélé une tout autre perspective. Je me rendais compte que la parole circulait déjà et que par ce biais, les expériences migratoires étaient connues de jeunes hommes envisageant d'emprunter des voies irrégulières.

Aly Tandian, enseignant-chercheur en sociologie à l'Université Gaston Berger (Saint-Louis du Sénégal) va dans ce sens : « La migration n'est pas un phénomène, c'est un fait social. Les départs n'ont jamais cessé, c'est la médiatisation qui avait diminué. La population est tout à fait consciente des risques, elle est même surinformée ! Mais tant que ses attentes, c'est-à-dire de l'emploi, ne seront pas remplies, les départs continueront » (*La Croix*, mercredi 9 décembre 2020)[1].

6.1. Rapport au risque

En quoi la connaissance des difficultés encourues par l'émigration irrégulière ne permet-elle pas toujours de dissuader les jeunes de partir ? Les candidats à la migration projettent-ils des formes de risque lorsqu'ils pensent aux traversées irrégulières (par voie maritime ou terrestre) ? Que peuvent représenter pour un jeune homme les difficultés d'une traversée ?

Je fais l'hypothèse que, selon le rapport que les enquêtés entretiennent au risque, celui-ci constitue un frein ou un moteur dans l'entreprise migratoire.

À propos de la représentation du risque, les géographes Nelly Robin et Patrick Gonin nous apprennent

---

[1] *La Croix*, mercredi 9 décembre 2020 - n° 41881.

que le rapport au risque est relatif d'un individu à l'autre en fonction de plusieurs paramètres : « Le « risque migratoire » est intimement lié au projet de celui qui décide de partir ; il sera fonction de sa destination, des informations à sa disposition et des sacrifices qu'il est prêt à consentir pour conduire à bien son projet. Il serait erroné de penser que ce risque n'est pas connu par ceux qui prennent la route. La presse et les médias dans leur ensemble font largement état des accidents ; parallèlement, des campagnes de sensibilisation, initiées par les pays européens et menées par des ONG locales ou internationales, relaient les récits de ceux qui n'ont pas réussi à atteindre le pays souhaité ou de ceux qui ont été « réadmis », rapatriés le plus souvent par les autorités espagnoles. Ce risque est donc calculé, accepté » (Robin & Gonin, 2009)[1].

À lire Victor Piché, enseignant-chercheur en démographie, reprenant le sociologue Albert Palloni, nous saisissons que le rapport au risque est affaire de jauge et de calcul : « L'existence des réseaux aboutit à constituer un capital social, notion qui permet de comprendre pourquoi et comment l'appartenance à des réseaux augmente les probabilités de migrer : grâce aux ressources des réseaux, les coûts et les risques diminuent et les bénéfices de la migration augmentent » (Piché, 1013)[2].

Je demande à Madiba ce qu'il connaît de la tentative de passage en Europe de son frère et s'il pense qu'il peut lui arriver la même chose. Puis je demande à Tamba si le fait de prendre la pirogue comporte un risque selon lui :

---

[1] Nelly, Robin ; Gonin, Patrick. « Les routes migratoires par le Sénégal. Karthala. Le Maghreb à l'épreuve des migrations subsahariennes ». Karthala, 2009. Pp.112-139.
[2] Piché, Victor. « Les théories migratoires contemporaines au prisme des textes fondateurs », *Population*, vol. 68, no. 1, 2013, pp. 153-178.

- « Nan […] nous, à ce moment-là si tu veux partir en voyage, tu vas partir chez les marabouts [lui faire des demandes] : « Comment va la route ? ». Si on te dit que tu peux y aller, tu vas aller. Mais si on te dit : « Ne pars pas », tu vas pas partir […]. La route si c'est bon toi tu peux partir si c'est pas bon, tu vas laisser. »
- « Ton frère il te dit quoi quand tu lui dis que tu veux partir ? »
- « Lui il veut que moi je l'attends. Je vais ici, lui il part avant que je puisse partir. Comme moi je voulais partir avant que lui il parte, lui il a tenté de partir. Il n'a pas pu et il voulait partir une deuxième fois. Moi aussi je voulais partir avant que lui il parte. »
- « Est-ce que ça te fait peur de prendre la pirogue ? Est-ce que y'a des risques tu penses ? »
- « Nan y'a pas de risque. Tu parles si tu vas mourir là-bas ? […] La mort [rires]. Mais tout le monde va mourir ! Ouais tout le monde va mourir. C'est comme ça. Si tu vas arriver, tu vas arriver. Si tu vas mourir, c'est là-bas que tu vas mourir. » (Madiba)

« Moi je pense que y'a un risque, y'a pas un risque, mais c'est sûr que si tu arrives en Europe, t'as pas de papier, t'as rien. Des fois, si t'es pas bien tombé avec les gens qui sont gentils, ben tu vas mourir de faim, et si tu te fais arrêter par la police tu vois des trucs comme ça. Du coup des fois je pense trop à ça […] les trucs ils me gênent des fois, j'essaie d'effacer tout dans ma tête, des trucs de voyage comme ça tu vois, des fois d'un coup […] dans ma tête, c'est quelqu'un qui me pousse à penser à ça quoi tu vois. Du coup des fois j'suis triste. Des fois si j'entends les mecs qui discutent de ça, aller en Europe, *fat fat*[1] quoi ma tête elle va commencer à penser à ça quoi tu vois, et ça me gêne. Des fois si j'entends des gens ils parlent de ça, je veux pas m'arrêter là-bas quoi tu vois. » (Tamba)

---

[1] Rapidement.

Tamba considère le risque à travers une présence irrégulière sur le territoire européen, comme si la destination venait se substituer à l'étape du voyage. J'affine ma question :

- « Comment tu sais que la pirogue c'est dangereux toi ? »
- « Y'a beaucoup de pirogues qui sont tombées dans l'eau. Y'a beaucoup de gens qui sont morts, et moi j'ai peur d'avoir un ami qui va prendre ça. Si je lui dis pas, ben voilà je suis pas son ami. Si c'est dangereux [et que] je l'ai pas dit, je l'ai laissé faire, s'il arrive un truc de malheur, c'est ma faute parce que moi je sais que c'est dangereux. Et j'ai un ami que je l'aime bien, je vais pas le laisser prendre cette pirogue alors qu'il va au Maroc. C'est facile de traverser la mer d'avoir un accident. »

En outre, qu'est-ce qui pousse les candidats à la migration à parfois tenter une deuxième, voire une troisième fois un passage, lorsque le premier a été difficile ?

Thiawlo, dont j'ai présenté le parcours migratoire plus haut, m'explique qu'il souhaite tenter à nouveau de se rendre en Europe. Sa première expérience de voyage au cours de laquelle il a connu emprisonnements et expulsion ne semble pas le freiner dans son entreprise :

- « C'est maintenant qu'il a beaucoup plus de courage, il a déjà découvert le chemin, il a plus d'expérience. »
- « Est-ce que ça sera plus facile maintenant si tu reprends le même chemin ? ».
- « C'est une chance, y'a d'autres qui sont partis jusqu'en Europe, ils sont revenus. »
- « Avant ta première tentative, est-ce que d'autres personnes t'ont raconté leur expérience ? »
- « Y'a une première vague, c'est eux qui leur expliquent l'itinéraire. Lui aussi maintenant il en sait quelque chose, il est beaucoup plus mature et aguerri maintenant. S'il doit le reprendre, il sait comment il doit faire pour y arriver. »

- « Ils t'ont dit que ça avait été difficile ou pas ? »
- « Non, ils disent qu'ils leur montrent les difficultés qu'ils ont rencontrées en cours de route, mais les résultats c'est l'arrivée, donc si tu arrives, si tu réussis […] c'est la satisfaction. »
- « Est-ce que l'expérience que tu as vécue ressemble à ce que les autres personnes t'ont raconté ? »
- « Ils n'ont pas les mêmes chances. Y'a d'autres qui quittent ici, qui arrivent à destination sans problème. Mais y'a d'autres qui quittent ici, leur convoi a d'énormes difficultés en cours de route. Donc lui il a la malchance d'être dans un convoi où il y a plus de problèmes. » (Entretien traduit)

Si les difficultés concernant la traversée ont été relatées à Thiawlo, c'est davantage l'arrivée que le trajet lui-même qui est mis en avant dans son discours. Le rapport au risque est décrit ici, comme étant lié à la chance et à la malchance. L'expérience des uns ne dissuade pas les autres de tenter leur chance. En effet, l'expérience douloureuse par laquelle ils sont passés, relèverait pour les autres, d'une forme d'exceptionnalité.

Nous saisissons de quelles manières les représentations du risque de la migration clandestine échappent aux discours, tant la question de l'arrivée est davantage prise en compte dans la perspective du voyage. Toutefois, la combinaison de tous ces facteurs pousse la jeunesse à continuer d'envisager de rejoindre l'Europe par des voies illégales, comme seule solution possible, qui plus est, la seule qui puisse répondre à leurs besoins de reconnaissance sociale.

6.2. Des expériences migratoires qui ne sont pas racontées à l'entourage

Les projets de départ sont partiellement cachés à l'entourage. Il est fréquent que les candidats à la migration ne les révèlent que lorsqu'ils ont déjà « pris la route ». C'est pour certains une manière d'éviter d'être dissuadé. Une croyance selon laquelle, révéler son projet peut diminuer ses chances de réussite, peut permettre de comprendre cette manière d'agir : « Des gens peuvent jeter des mauvais sorts. » (Mansour, actuel candidat à la migration au Maroc, originaire de Diobakane)

J'interroge Ogo sur ce qu'il connaît de l'expérience de l'un de ses amis qui a quitté Diobakane et qui vit actuellement en Europe depuis plusieurs années :

> « Mor […] c'est un gars très cool on discute quoi, mais pas comment s'passe en Europe et puis quoi, quoi, quoi, moi j'sais que lui il a son travail, et puis il a ses enfants quoi là-bas. Et puis je sais une chose quoi, qu'il n'est pas millionnaire quoi, mais c'est un gars très simple cool […]. Même si vous discutez la vie, discussion courante quoi, mais pas l'affaire d'Européens. »
>
> « Je connais un ami aussi, un cousin, lui aussi il est parti [Libye]. Mais avant que [ce] cousin parte, ça a trouvé que moi, j'ai pris ma décision que je vais partir. Je l'ai même informé que moi, je dois aller en Libye, ou bien essayer de partir quoi. Mais lui, il m'a pas dit qu'il allait partir. C'est par la suite que lorsqu'il est arrivé que j'ai su qu'il est parti. Ça a trouvé que moi j'étais enfin, j'étais enfin prêt, quoi. Moi ch'uis parti jusqu'en Libye, après je l'ai contacté j'ai appelé ici, on m'a donné son numéro je l'ai appelé. Après je l'ai vu en Libye. On est resté ensemble trois mois, lui il a quitté la Libye pour venir au Niger, moi je suis resté en Libye. »

Pourquoi ce cousin n'a-t-il pas mis Ogo dans la confidence ? S'agit-il ici, comme dans le cas de Mansour, d'une crainte d'un mauvais sort ? Je laisse ici cette question en suspens, car je ne suis pas parvenue à y répondre.

Moktar est né et a grandi à Diobakane. Il est âgé d'une vingtaine d'années. Il quitte le village pour étudier à

Dakar (université Cheikh Anta Diop). Il revient au village durant les vacances et notamment au cours des *Navétanes*. Il me parle d'un oncle chez qui il vivait à Dakar et qui est parti en Chine pour travailler il y a quelques années de cela. N'ayant pas trouvé d'emploi, il est revenu au Sénégal. Je demande à Moktar comment son oncle a vécu son retour sans avoir trouvé de travail en Chine :

- « Bon. Je ne lui ai jamais demandé ça […] parce que j'ai, j'ai un peu honte de lui. Parce qu'on n'parle pas souvent beaucoup. Si on parle, c'est juste pour les salutations : « Comment tu vas ? Comment vont les études ? », et après c'est fini. Et y'a certaines discussions, bon j'ai un peu honte de parler avec lui [de] certaines discussions, mais bon, je pense que […] ça peut l'affecter parce que tu ne peux pas aller dépenser ton argent pour aller trouver du boulot, ou bien aller dans un lieu plus développé qu'ici, et puis espérer avoir du travail. Tu n'en trouves pas du coup, tu retournes encore pour continuer le même travail que tu es en train de faire. Moi je pense que ça l'a affecté, même si peut-être moi, je l'ai pas demandé, je l'ai pas vu ça sur son visage. Mais bon, je crois vraiment que ça l'a affecté, parce vu qu'il a dépensé l'argent pour aller là-bas, pour séjourner et ensuite trouver du travail et le billet aller-retour, même si je connais pas combien coûte le billet Chine/Sénégal, mais bon. Il est parti il n'a pas trouvé du travail, c'est du gaspillage. »
- « Quand tu dis j'ai un peu honte de parler de ça avec lui, avec ton oncle, ça veut dire quoi ? »
- « C'est juste que. Bon, pour ne pas avoir une réponse qui me fera mal. Par exemple dans ma tête, je pense que pour moi, je pense qu'aujourd'hui, si c'est à refaire, il ne le ferait pas sérieusement hein. Donc je ne veux pas avoir une réponse en me disant, bon je regrette, donc si je savais je n'aurais pas fait ça, donc du coup, quand il me le dit, ça me ferait très mal, donc le mieux […] c'est de ne pas lui demander : « Comment était ton voyage en Chine ? Donc est-ce que tu regrettes ? Ou bien si ça t'a affecté sur ton

travail ? Ou bien ». C'est pour cela je n'ai jamais essayé de lui demander. Et aussi, peut-être chez vous, y'a certaines discussions vous pouvez avoir avec vos tantes, ou bien avec vos oncles, ici nous […] y'a trop de respect. Pas en disant que vous vous manquez de respect à vos oncles, non. Ici y'a trop de respect donc, si on dit que cette personne-là est ton oncle […] y'a certaines discussions même des discussions qui ne sont pas assez difficiles, mais on a tellement honte de lui dire que bon, moi je veux faire ça, ou bien, je veux te parler de cette chose-là, donc on le fait pas. Souvent on le fait avec nos grands frères, ou bien avec nos amis, mais pas avec nos tantes ou bien avec nos oncles, parce qu'on leur donne le respect. Et du coup, on a vraiment honte de leur parler de certaines choses. Sinon j'allais lui demander, mais comme j'ai trop honte, je peux dire j'ai trop honte de lui, donc je dis quand on discute c'est juste pour dire : « Comment tu vas ? Comment vont les études ? » et c'est fini. Après ça, on ne discute pas donc, on ne discute pas sur ce terme, on discute seulement sur le, comment dire les études, c'est fini, si ta mère va bien, si ton père va bien, c'est fini. »

La relation bâtie sur un rapport de respect entre aîné et cadet d'une même famille, amène à une certaine forme de retenue au niveau de la transmission d'expérience.

Fatou Diome, dans « Le ventre de l'Atlantique », va dans ce sens : « Sur l'île [Djoggué], rien ne se faisait vraiment. On puise les nouvelles avec l'eau du puits et tout le village boit à la même source. Les histoires de familles, même très anciennes, flottent toujours dans les bassines des femmes qui les mijotent ensuite à leur manière » (Diome, 2003)[1].

Mais il arrive également que les expériences migratoires soient racontées à l'entourage.

---

[1] Diome, Fatou. « Le ventre de l'Atlantique. » Anne Carrière, Paris, 2003.

6.3. Des expériences migratoires racontées

Je demande à Djibril si son frère qui a rejoint l'Europe en pirogue lui a raconté son expérience :

- « Il t'a raconté comment ça s'est passé le voyage pour lui ? »
- « Ouais, il m'a raconté des petits détails, mais pas trop hein […] il m'avait raconté que là-bas c'est pas facile. C'est pas facile de passer là-bas jusqu'en Italie [rires], avec beaucoup de guerres là-bas et moi bon, lorsqu'on l'a emprisonné là-bas, il a fait un mois […] après je lui ai transféré 25 000 francs. À l'heure-là, je travaille avec Sécouba […]. Est-ce que pas plus de quatre mois avec Sécouba ? Je [travaille sous] contrat aussi, pour avoir quelque chose pour lui envoyer. On l'a libéré. J'ai vendu mon terrain qui se trouve ici à côté […] est-ce que c'est pas 150 [mille] ? »

Madiba relate à son tour qu'il connaît une partie de l'expérience migratoire de son frère :

« Mon frère, il était parti jusqu'en Italie, lui avec Atab, il est parti jusqu'à là-bas. Le jour qu'il est retourné, il m'a trouvé à la maison […] si je parle avec lui, je vais pleurer. C'est pour cela je n'ai pas parlé avec lui. Le début jusqu'à deux semaines, j'ai cessé de parler avec lui. »

Si le fait de connaître l'expérience de son grand frère est trop difficile pour Madiba, ce dernier le met dans un premier temps à distance. Puis, il finit par écouter son frère et connaître son histoire :

« Il est parti jusqu'en Europe, on la fait retourner. Moi-même ça m'a gêné […] de le faire retourner jusqu'ici. Il a payé jusqu'à 800 000 jusqu'en Europe on l'a fait retourner, s'il était pas parti on aurait acheté. »

Madiba exprime ainsi que la somme dépensée pour financer le voyage de son frère (approximativement 1 240 euros) aurait pu servir à la famille : cet argent a été perdu puisque son frère est rentré de migration sans argent.

> « Il m'a raconté lorsqu'il est parti en Libye, à ce moment-là, là-bas, n'est pas facile. Ils frappent les gens là-bas, on les fait enfermer en prison, et ça, ça m'a gêné beaucoup. »

Cet enquêté relate le voyage qu'il a entrepris de faire en pirogue et qui n'a pas fonctionné : le passeur s'est enfui avec l'argent. Il a financé une partie de son passage avec l'aide de son père, d'un oncle et de certains de ses frères. Ensemble, ils ont payé la moitié du voyage à hauteur de 300 000 francs CFA (soit approximativement 465 euros) pour que Madiba se rende en « Espagne ou bien Italie », dit-il. Ce passeur est le même qui avait fait passer un de ses frères en Europe, quelques années auparavant.

> - « On a payé l'argent et […] le gars [à qui] on a donné l'argent il nous a faussé […].
> - « Comment tu as eu son contact ? »
> - « C'était mon frère qui me l'a donné. Il est en Espagne. »
> - « Ok. C'était le passeur qui a fait passer ton frère ? »
> - « Oui c'est lui qui l'a fait passer. »
> - « D'accord. Et quand tu dis on lui a donné l'argent c'est avec d'autres personnes ou bien toi tout seul ? »
> - « D'autres personnes. »
> - « C'est combien de personnes ? »
> - « Plus de quatre personnes. Mon père il est là-bas, mon oncle, mes grands frères. »
> - « Vous vouliez tous partir ensemble ? »
> - « Nan auparavant c'était mon frère qui était parti, il est parti jusqu'à Italie, il est retourné, on l'a fait retourner ici. Et depuis que lui [est] retourné moi aussi je voulais partir. Et le gars-là m'a faussé. »
> - « Ok. Et comment tu avais eu cet argent ? »

- « J'ai fait du travail, [je pars] à la brousse chercher du bois mort [...]. Ou bien je vais cultiver des arachides, du manioc, ou bien des poivrons, [...] comme un peu sur la permaculture, on cultive des poivrons, des tomates, tout ça, après on va vendre ça. On va rassembler l'argent après, [j'ai fait ça pendant] un an. »

Ogo avant de quitter son village, prévient un ami de son départ. Ce dernier lui donne 50 000 francs CFA (environ 77 euros). Au moment de partir, il a en sa possession 350 000 francs CFA (approximativement 540 euros). Arrivé au Niger, un ami lui envoie 100 euros (équivalent à près de 65 000 francs CFA). Il voyage donc au total avec la somme de 415 000 francs CFA (environ 1 000 euros) :

« L'information qu'on avait eue avant d'arriver, c'était pas la bonne information. Parce qu'on nous a fait croire qu'avec les 400 000 (soit environ 620 euros), tu peux traverser du Sénégal jusqu'en Italie quoi. [...] C'est comme ça que je suis parti. Mais malheureusement, cet argent m'a amené jusqu'au premier village en Libye. C'est là-bas qu'on [a été] arrêté ouais. On a été kidnappé quoi, par les voyageurs [...], le chauffeur qui nous a amenés. Parce qu'il nous a fait comprendre que notre passeur n'a pas payé la somme qu'on [lui et les personnes avec qui il voyageait] lui a donnée. Il [le conducteur] a payé juste la moitié [...]. Nous on lui a dit que nous, on a tout payé notre argent. C'était quelqu'un de généreux, mais sinon, on allait avoir des problèmes, on allait même être vendu ou bien kidnappé et vendu à d'autres passeurs [...] ils vont peut-être nous électrocuter pour appeler nos parents et demander de l'argent. »
« Les échos tu sais, par exemple aujourd'hui quelqu'un qui vient de la Gambie et il me dit que nous, nos gens sont partis sont arrivés, tu entends y'a des amis qui sont partis [...] tu sais les nouvelles ça passe très vite, une information si ça tombe ça passe rapidement. Mais

maintenant c'est à toi de vérifier cette information si c'est vrai ou faux, [...] on a eu des échos, qu'avec 400 000 francs, tu peux aller. En en ce moment y'avait personne de Diobakane qui est parti sauf deux personnes. Parce que lui il était en Gambie il est de Diobakane, mais il était de Diobakane, c'est en Gambie qu'il a pris le départ. Ils étaient au nombre de trois. Y'a quelqu'un de Diobakane lui il est basé en Gambie il est parti. C'est par la suite qu'il est arrivé on a entendu. Y'a un autre gars lui c'est un vendeur à Diobakane un boutiquier, il vendait à la boutique après par la suite il est parti, on a eu des échos [...] Un autre un gars de Diobakane qui est à Dakar. »

Souleymane est né et a grandi à Diobakane. Trentenaire, il a quitté l'école au collège. Il vit actuellement dans le village avec sa mère (il est le fils de la défunte sœur de cette femme), une jeune fille qui est née dans le village et qui étudie au collège, ainsi qu'un jeune homme qui n'est pas originaire de Diobakane. Il vient tous les jours à *Ladioba* participer à certaines activités. Il est *jakartaman* à son compte, c'est-à-dire qu'il est le propriétaire de la moto, et que l'argent que cette activité génère lui revient entièrement. Il souhaite venir en Europe par la voie légale :

« Ce que tu veux toi-même tu peux pas avoir ça, parce que y'a des jalousies ici partout. Les ennemis tu vois donc euh tu n'peux pas gagner ce que tu veux ici quoi, donc c'est pour cela que les gars sont partis. »

Pour autant, il dit ne pas comprendre ceux qui, contrairement à lui, veulent prendre la pirogue :

« Même si les autres [me disent] : « Moi je voulais aller en pirogue pour aller en Espagne ou Italie ». Je leur dis : « Qu'est-ce qui t'a manqué ici ? Tu as quelque chose à manger ici, tu as des besoins que toi-même tu te débrouilles pour faire ça et donc, qu'est-ce qui va [t'inciter à prendre la pirogue ?]. Tu sais, tu peux mourir là-bas […] ». Donc euh, moi je vois des catastrophes sur « YouTube » ou sur la télé, les gens qui passent pour y aller en Europe comme ça. Il y a beaucoup de monde qui sont dans l'eau. »

Nous comprenons, à la lecture de ces différents entretiens que les risques sont connus par le biais des médias (TV et réseaux sociaux) et des récits de connaissance (amis, famille) qui ont vécu des échecs. Le partage de récits des expériences migratoires ne constitue pas toujours un frein aux départs et la question du risque chez certains enquêtés ne fait pas sens.

7. Mohamed, passeur de candidats à l'émigration

Un passeur de migrants est, d'après les géographes Nelly Robin et Patrick Gonin, un « acteur de la migration internationale » qui « participe à la mise en place des filières migratoires » (Robin ; Gonin, 2009)[1]. « Passeur de frontière » (Pian, 2008)[2] et « passeur de migrants » sont deux termes pour parler d'une même figure.

Mohamed est né et a grandi dans un village de Casamance. Quarantenaire, il arrête l'école au collège et suit une formation manuelle. Dans les années 2010, il quitte sa région natale pour le Maroc par la voie légale (avion), dans l'espoir de prendre la pirogue pour l'Europe. Puis il y renonce et devient quelques années après, passeur de candidats à l'émigration entre le Niger et la Libye. Revenu il y a plusieurs mois dans son village, il envoie de jeunes

---

[1] Nelly Robin, Gonin Patrick. Les routes migratoires par le Sénégal. Karthala. Le Maghreb à l'épreuve des migrations subsahariennes, Karthala, Paris, 2009.
[2] Pian, Anaïk. « Le « tuteur-logeur » revisité. Le « thiaman » sénégalais, passeur de frontières du Maroc vers l'Europe », Politique africaine, vol. 109, no. 1, 2008, pp. 91-106.

candidats au départ depuis ce même village jusqu'au Maroc. Là-bas, ils logent au nord du pays dans la maison d'un *Thiamen*[1] chez qui il habitait lorsqu'il séjournait dans le pays.

« Au début j'ai travaillé comme convoyeur : je partais avec les Arabes dans le désert jusqu'en Libye. On me payait de l'argent et je faisais de la traduction entre eux et les immigrants pour se comprendre. Parfois, je les aidais à mettre de l'essence dans la voiture, à préparer du thé pour eux, tu sais tout ça c'est du travail physique, parce que tu fais de l'effort à partir en Libye et retourner c'est tellement fatiguant ça. Tu es là, tu as ton téléphone […] tu écris, l'argent qu'ils payent tu écris. Ceux qui doivent partir, ils partent, ceux qui vont rester, ils restent […] donner à bouffer pour leur bouffe tu donnes ça. Toi tu es là tu fous rien hein […]. »

« Y'a beaucoup de choses qui se sont passées en Libye. Que ça soit en Libye, au Niger, la traversée, comment les passeurs se comportaient avec les migrants que ce soit des migrants qui ont de l'argent, qui ont pas d'argent parfois. Y'a l'esclavage comme vous entendez à la télé. C'est des choses qui sont vraies, ouais, et ça, des filles qu'on transforme des prostituées, et [qui sont] battues, transformées des prostituées et battues, tu comprends ? Les filles qu'on a embarquées à partir du Niger et qui se retrouvent en Europe et qui font de la prostitution en Europe, dans le désert chaque fois […] on les embarque, elles deviennent des esclaves sexuelles au niveau de l'Europe, que ça soit Belgique, France. Il est très bien organisé par des trafiquants quoi au niveau du Nigéria ou bien Ghana, parce que c'est les deux pays qui font ces trafics, mais surtout au Nigéria du trafic de femmes quoi. Ah c'est ça, y'a beaucoup de choses hein. »

---

[1] Un *Thiamen* ou encore *Thiaman*, est à la fois celui qui loge des personnes migrantes dans des « foyers », qui organise une partie des passages clandestins en devenant un passeur de migrants. Cet individu est lui-même dans de nombreux cas, un ancien candidat à la migration.

Selon Mohamed, grâce à son activité, il aiderait les habitants de son village. Il pense accéder à une forme de reconnaissance sociale de leur part et celles des candidats qu'il fait passer, ou qu'il envoie au Maroc :

« C'est une sorte de fierté quoi. Même si je n'ai pas d'argent au moins les gens savent que ce gars-là, il s'est battu corps et âme pour, je sais pas, pour servir les gens de mon village quoi, même si je n'ai pas d'argent. Je pouvais avoir de l'argent [...]. Mais moi j'ai pas choisi d'avoir des millions, j'ai choisi de servir les gens de mon village. Au moins les gosses s'ils viennent là-bas [au Maroc] ils sont logés, ils sont nourris quoi. Tout ça c'est moi qui le faisais quoi. Y'a pas un jeune [...] qui est passé chez nous on peut pas te dire que je l'ai pas rendu service quoi. Parce qu'ils sont logés, nourris, c'est une protection avec une sécurité, une très grande sécurité, beaucoup de protection » ; « Je peux dire que je le faisais pour aider ma famille d'abord, mais je peux dire qu'il y a beaucoup de gens qui ont bénéficié de ça qui sont [de son village]. Parce que tous les gens que moi j'ai fait passer en Europe, y'a personne qui peut te dire du mal sur moi. »

Mohamed se sent valorisé en pensant faire du bien à la population. En lui rendant service, il serait impossible selon lui qu'elle ait une mauvaise image de lui. Aujourd'hui, cet homme est partagé entre l'idée de reprendre son activité et de passer lui-même en Europe. Il souhaite, dit-il : « changer de vie », « avoir une belle maison et une belle femme ».

Conclusion de partie

Les désirs d'émigrer sont justifiés dans les discours des candidats au départ par des motivations financières. Les besoins économiques des jeunes hommes sont liés à des devoirs d'honorabilité envers leurs mères, eux-mêmes inscrits dans des règles de parenté matrilinéaire, constitutives de la société mandingue et sénégalaise.

Les récurrences de l'investissement matériel au village grâce à l'argent supposé être gagné en Europe, donnent à comprendre de quelle manière l'économique est facteur de prestige social à travers : la maison, elle-même meublée de matériel de consommation (télévision et réfrigérateur), la voiture et les habits essentiellement. Ces désirs d'acquisition de capital économique et social d'après Sayad sont, « au principe de la hiérarchie sociale ». Les deux formes de capitaux s'enchâssent du fait que « le capital symbolique [qui] est fonction du « bon usage » que les hommes restés au pays savent faire de ce capital économique » (Sayad, 1999)[1].

Les récits et les images transmis à travers les réseaux sociaux par des Sénégalais émigrés en Europe sont souvent falsifiés. Parés des plus beaux habits et de valises remplies d'objets à offrir lorsqu'ils sont de retour au village, ils contribuent en partie à la construction des imaginaires autour de l'Europe. La perception des risques de la traversée (voiture et pirogue), face au potentiel supposé que représente une vie en Europe, s'en trouve impactée. Même lorsque les conditions difficiles du voyage sont racontées (emprisonnements, demandes de rançon, rackets, coups, etc.), les projets migratoires ne sont pas pour autant abandonnés.

Dans le chapitre qui suit, je tente de rendre compte de la place qu'occupe *AmDiobaka* auprès des jeunes et de l'influence qu'elle a auprès de certains qui projettent de partir.

---

[1] Sayad, Abdelmalek. La double absence. Des illusions de l'immigré aux souffrances de l'émigré. Seuil. France. 1999.

CHAPITRE III
LUTTE CONTRE L'ÉMIGRATION ET PERMACULTURE

À Diobakane, la problématique de l'exode qui touche une part de la jeunesse est partie prenante des préoccupations de certains habitants. Des présidents de JUKA (qui se sont succédé) agissent au sein du village pour faire face à ce phénomène, par la mise en place de différentes actions : un élevage de volaille, la réalisation de travaux collectifs, la construction d'un foyer socioculturel. Le chef du village joue un rôle dans cette lutte contre l'exode, en attribuant des parcelles de terrain du village à des jeunes afin qu'ils les cultivent.

FIER, participe à la lutte contre l'exode à partir de 2008. Elle met en place des activités dont certaines sont développées en partenariat avec des groupes locaux déjà constitués : JUKA et un groupement de femmes[1]. Son site *Ladioba*, se présente comme un lieu d'accueil pour les jeunes de retour d'exode et ceux en « échec scolaire ». À partir de 2017, une refonte de l'association est opérée. Une nouvelle activité est mise en place sur le site et de nouveaux objectifs sont fixés : faire de la permaculture, dans le but d'atteindre une autonomie alimentaire, financière et sociale.

Tous les jeunes qui vivent sur ce lieu durant ce terrain ethnographique - excepté l'un d'entre eux - ont quitté l'école au cours du secondaire. Leur mobilité au sein du village et en dehors étant courante (ils peuvent habiter dans différentes maisons successivement et/ou à la fois), certains

---

[1] Ce groupement de femmes aide d'autres femmes à retrouver la fertilité à l'aide de plantes médicinales notamment.

s'installent dans l'association, plus ou moins durablement : de quelques semaines à plusieurs années. Plusieurs jeunes, actuellement présents, ont commencé à y vivre à partir de la fin de la formation « *AmDiobaka* 2018 ».

Dans ce chapitre, je propose d'appréhender les manières dont les techniques de permaculture sont appropriées et appliquées par les jeunes. De plus, je tente de saisir le rôle d'*AmDiobaka* dans les projets migratoires. Quel(s) rôle(s) joue l'association dans la lutte contre l'exode ?

1. Dispositif associatif pour maintenir les jeunes au village
1.1. L'association FIER…

FIER est une association française de loi 1901[1] créée en 2000 en France. Elle a pour objectif de participer au développement de Diobakane. Sa forme ainsi que son orientation générale sont définies par deux hommes essentiellement. C'est la rencontre entre ces deux derniers en 1999 à Diobakane qui est à l'origine de la naissance de cette association.

Sur place, Léou mène l'équipe des jeunes. Trentenaire, il est né et a grandi dans le village. Il fait partie d'une grande famille maraboutique du village. Son père était de son vivant, un grand marabout reconnu, qui destinait Léou à prendre sa relève. Aujourd'hui, Léou est marié à Ndella, une jeune femme qui est née dans le village de Bnawé. Ensemble, ils ont deux filles en bas âge. Léou fait partie de FIER depuis son lancement. D'abord guide

---

[1] « Une association loi 1901 est une « convention par laquelle deux ou plusieurs personnes mettent en commun, d'une façon permanente, leurs connaissances ou leur activité, dans un but autre que de partager des bénéfices » https://www.carenews.com/carenews-pro/news/qu-est-ce-qu-uneassociation -loi-1901-0.

touristique pour l'association, il devient en 2017 le responsable et le propriétaire de *Ladioba*, et s'installe sur le site. Il vient tout juste de rentrer d'une année au Maroc, où il a obtenu un diplôme universitaire de master 2 en communication, ainsi que d'un séjour en Égypte. Là-bas, il suivait en tant qu'interprète un groupe de musiciens parti réaliser une tournée de musique dans plusieurs pays d'Europe. Cette tournée n'a finalement pas eu lieu. Léou maîtrise plusieurs langues : française, arabe, mandingue et wolof.

Depuis la France, Paul, à son retour d'un voyage en Afrique de l'Ouest, crée FIER en 1999 et devient son président. En parallèle, il soutient Léou qui est alors au collège, en devenant son tuteur. Il est né et a grandi en France, où il vit actuellement. Quarantenaire, il est père de deux adolescents. Il exerce successivement différentes activités : conseiller à l'emploi, et depuis quelques années, salarié dans un magasin alimentaire biologique. Il est engagé dans plusieurs associations à but humanitaire et donne régulièrement des formations de permaculture en France.

D'après le site Internet de FIER, celle-ci est décrite comme étant : « Une association qui par ses diverses actions ponctuelles et sa présence régulière sur le terrain soutient les projets du village de Diobakane (Sénégal) et aide au développement de ceux-ci ». Son siège social se trouve en France. D'abord construite sur un système pyramidal géré par un président, un trésorier et un secrétaire, son fonctionnement prend par la suite une forme davantage horizontale et se met à fonctionner sur une base collégiale. Il n'existe donc plus de président, de trésorier et de secrétaire, sinon des membres du collège, au nombre de deux. Il s'agit de Paul et d'Anna. Cette dernière habite en France également.

FIER est implantée sur un terrain à Diobakane, situé

quelque peu en marge du centre du village, à 1 kilomètre approximativement, dans sa partie sud-ouest. Sa superficie a augmenté au fil des années pour s'étendre aujourd'hui sur 4 hectares. Le lieu est baptisé *Ladioba*.

L'association agit en mettant en place des actions qui s'appuient d'abord sur l'entraide telles que : la fabrication artisanale de savon avec un groupe de femmes, un projet de transformation de produits locaux (confitures et séchage de fruits), un projet de pirogues motorisées pour la pêche de poisson au large de Diobakane, une revue-thèque (bibliothèque spécialisée en revues) en lien avec la première école élémentaire. Elle participe également au rapprochement de deux maternités dans le village.

Les actions au Sénégal sont financées par des dons et subventions allant de 300 à 1 000 euros, via différents canaux : adhérents, associations françaises, *Fondation de France*, collectivités territoriales (département, région), ainsi que l'État français. Ces fonds financent parfois des voyages scolaires pour des lycées et collèges. De l'argent est par ailleurs généré par des actions réalisées en France telles que : des randonnées pédestres ; la vente de produits transformés au Sénégal par l'association (poudre de moringa, savons) ; des sessions de percussion ; des séances de visionnage d'un film documentaire-fiction réalisé sur Diobakane.

À partir de 2004, l'association oriente ses activités autour du tourisme. Dès lors, elle accueille des visiteurs essentiellement venus d'Europe de l'Ouest. Ces derniers participent, durant leur voyage, aux actions d'entraide et de permaculture, ce qui vaut à cette forme de tourisme le nom de « séjour solidaire », d'« écotourisme », de « tourisme communautaire », ou encore de « tourisme intégré ». Les fonds générés par l'accueil touristique engendrent des recettes qui reviennent au fonctionnement de l'association.

Dès 2008, FIER engage ses actions pour limiter les

départs des jeunes du village. Cette date n'est pas anodine, puisqu'elle correspond à une conjoncture de crise économique au Sénégal et dans d'autres parties du globe, du retour de l'épidémie de choléra, de l'augmentation du prix du riz et du nombre de départs en pirogue.

Entre autres projets, l'association, en collaboration avec des habitants du village et JUKA « avec laquelle on était vraiment partenaires actifs » (extrait d'entretien de Paul), met en place la construction d'un foyer socioculturel. Cette « maison des jeunes » a pour objectif la création de divers espaces tels que : une salle informatique, un espace consacré à des concerts de musique, un centre de formation, un atelier de couture et un atelier de menuiserie.

À partir de 2017, l'association prend une nouvelle tournure et engage de nouvelles actions, dont la permaculture qui devient centrale dans le projet. FIER cesse de fonctionner durant une période de six mois à un an. En 2018, elle devient *AmDiobaka*.

1.2. ... devient *AmDiobaka*

Des différends au niveau de la gestion financière et des engagements entre FIER et JUKA, ont entraîné la fin du partenariat entre les deux associations, ainsi qu'une refonte de FIER avec la création d'*AmDiobaka*. En effet, FIER a décidé de ne plus continuer à financer la construction du foyer[1], car le projet ne répondait plus aux attentes et aux exigences de ses membres. Paul expose les arguments d'une telle décision[2] :

---

[1] La construction du bâtiment a coûté dans l'état actuel 35 millions de francs CFA (approximativement 54 000 euros).
[2] Il est à noter que je n'ai pas interrogé d'autres acteurs à ce sujet, tels que des membres de la JUKA ou d'autres individus impliqués dans le projet, ce qui restreint l'analyse.

« La transformation s'est faite parce que on a décidé en conseil d'administration entre 2016 et 2017 déjà, de poser des jalons à l'association de la jeunesse de Diobakane [...] qui respectait pas ses engagements financiers notamment et même moraux. On a décidé de faire un point avec eux et on s'est rendu compte que malgré tous les efforts qu'on faisait, y'avait une exigence qui était pas à la hauteur de nos moyens et y'avait toujours autant de jeunes qui quittaient le village, alors que les projets défendus par eux et par nous, sur le papier visaient à lutte contre l'exode des jeunes » ; « Et qu'elle [JUKA] redemandait des rallonges financières. Et bien du coup on a décidé de faire une proposition qui a été l'arrêt du partenariat et donc le changement de paradigme au niveau de l'association FIER. »

« Le déclencheur de la scission de notre collaboration ça a été surtout le projet du foyer des jeunes qui avait vraiment comme objectif premier le développement de Diobakane à travers sa jeunesse par l'activité donc finalement par l'occupation des jeunes. » ;

« On s'est dit ok [...] ça fonctionne plus, tu continues juste de les assister en envoyant de l'argent du nord vers le sud, et donc en fait peut-être que tu participes à empirer la situation puisque tu continues de gérer des projets qui sont liés à de l'argent et en aucun cas tu gères des projets du coup qui permettent une autonomie ou une direction vers autre chose que j'attends de l'argent. Je demande de l'argent, je reçois de l'argent, et du coup j'en fais quelque chose pour ma pomme ou pour un petit groupe de personnes. »

Les attentes financières de JUKA envers FIER, révèlent un certain lien de dépendance entre les deux acteurs. Du fait de son positionnement de financeur de différents projets du village, FIER détient un certain pouvoir décisionnaire quant à l'orientation des projets.

« En 2018 on a créé l'association *AmDiobaka* suite à une dissolution du bureau de l'association FIER pour lequel j'étais de nouveau président depuis 2015 à peu près 2015/2016, puis on a transformé du coup l'association FIER après six mois de sommeil […]. On a changé les formules statutaires, c'est-à-dire que dans *AmDiobaka* y'a pas de président, y'a pas de trésorier, y'a pas de secrétaire, y' a un collège associatif donc qui gère l'association. » (Paul)

AmDiobaka reste sous le statut juridique français de loi 1901. Elle compte 163 sympathisants qui adhèrent « par un virement mensuel sous forme de dons à l'association », précise Paul.

En parallèle, un GIE est créé (Groupement d'intérêt économique). Il est défini juridiquement comme suit : « Groupement de personnes physiques ou morales (au minimum deux). L'objectif est de faciliter le développement économique d'entreprises par la mutualisation de ressources, matérielles ou humaines »[1].

À partir de 2017, soit lors de la refonte de FIER en *AmDiobaka*, la permaculture est investie comme action principale pour pallier l'émigration. Sur son site Internet, l'association promeut la permaculture comme une « réponse à l'exode ». Des espaces de maraîchage sont créés, des formations organisées à destination de publics à la fois européen et sénégalais. « Chaque financement d'un·e participant·e permet le financement de la formation d'un·e jeune sur place ».

Il s'agit dans la sous-partie qui vient de commencer par présenter le lieu de l'association, puis, de tenter de comprendre le(s) rôle(s) qu'elle joue dans les parcours des « candidats à la migration ».

---

[1] https://www.economie.gouv.fr/entreprises/groupement-interet-economique-gie#

Construction d'une route reliant le centre du village au site de l'association, mars 2021.

Construction d'une route reliant le centre du village au site de l'association, mars 2021.

1.3. *Ladioba*

Cet espace est conçu sur la base d'une triple configuration : il est à la fois le lieu du projet associatif, le lieu de vie de jeunes dits « en échec scolaire » et de jeunes qui souhaitent s'émanciper de leur famille, ainsi qu'un espace d'accueil de touristes et de jeunes de retour de migration. Le terme *Ladioba* est davantage employé qu'*AmDiobaka* dans le discours *émic* (point de vue des enquêtés).

1.3.1. Membres « permanents » et membres « temporaires »

Le nombre de jeunes investis à *Ladioba* a varié selon les moments de l'enquête. Je différencie ceux qui vivent au sein de l'association et qui participent aux différentes tâches, de ceux qui vivent au village avec leur famille et qui contribuent à certaines activités en journée. Je propose, afin de les distinguer, de nommer les premiers « membres permanents » et les seconds « membres temporaires ».

Lorsque j'arrive au mois de janvier à l'association, les membres permanents sont uniquement des hommes. Ils sont au nombre de sept. Sur ces sept, six sont âgés de 17 à 35 ans environ. Le sixième quant à lui est âgé d'approximativement 50 ans.

Durant l'enquête, certains membres permanents ont quitté l'association : l'un est retourné vivre chez sa famille dans le village, un autre est parti vivre dans un village voisin de Diobakane. D'autres jeunes sont arrivés : quatre s'y sont installés, dont l'un d'entre eux était auparavant un membre temporaire, un autre est un ancien membre permanent qui fait régulièrement des va-et-vient entre l'association et d'autres localités. Quant à Ndella, la femme de Léou, elle fait fréquemment des allers-retours avec leurs deux filles entre *Ladioba* et chez sa mère au village, selon sa situation personnelle et familiale, et le passage de touristes sur le site. Sa présence à l'association est en partie liée à sa place de référente en cuisine, ainsi qu'au fait que son mari y vit (comme je l'ai précisé dans la deuxième partie de ce travail, ce sont les femmes qui rejoignent le foyer des maris).

Ces mouvements entre *Ladioba* et l'extérieur révèlent néanmoins que le nombre de jeunes permanents est resté quasiment le même tout au long du terrain. Cela nous fait prendre la mesure des formes de mobilités des jeunes au sein du village et de ses alentours.

Quant aux membres temporaires, il est difficile de donner un chiffre exact, tant celui-ci a varié selon les moments de l'enquête. Je donnerais néanmoins le chiffre approximatif de 10. Ils sont âgés de 25 à 50 ans environ.

D'autres jeunes du village (âgés de moins de 15 ans) aident de temps à autre à l'arrosage.

Des enfants et des jeunes femmes principalement, viennent chercher de l'eau au robinet et aux puits.

D'autres jouent avec la balançoire ou les hamacs accrochés aux manguiers, et lorsque c'est la saison (entre les mois de mars et juillet), il n'est pas rare de les voir cueillir des mangues ou des noix de cajou. Certains hommes du village passent partager un repas, du thé, des cigarettes, des discussions, et « arranger » certaines affaires entre eux.

Des personnes du village malades ou blessées viennent se faire soigner grâce à une trousse de pharmacie fournie par des *Toubab*[1] de passage[2], ou prendre des médicaments apportés par leur soin.

---

[1] Le terme *Toubab* signifie une personne Blanche au Sénégal et dans certains pays d'Afrique de l'Ouest.
[2] Un des jeunes de *Ladioba* a été « initié » aux premiers soins par une infirmière venue de France pour un voyage personnel durant trois semaines à *Ladioba*.

N'ayant pas eu accès à toutes les informations sur mon terrain et n'ayant pas la capacité de tout aborder dans ce travail, je ne traiterai pas des allées et venues à *Ladioba*, mais davantage de la présence des jeunes sur le site de *Ladioba*.

Les membres permanents sont logés seuls ou à plusieurs dans des chambres, elles-mêmes réparties dans trois maisons en dure. En échange du gîte et du couvert, ils font vivre le lieu en l'entretenant chaque jour. Ils s'adonnent aux tâches telles que : jardinage, élevage (poules, canards, lapins, oiseaux, chiens, singe), cuisine, ménage, courses et constructions de bâtiments (maison, boulangerie, clôtures, bassins d'eau, *case* (maison) en paille, etc.). Ils ne sont pas impliqués de la même manière dans chacune de ces tâches.

1.3.2. Les structures du lieu

Ladioba a une capacité d'accueil de vingt-sept lits[1]. Une cuisine (construite en 2018)[2] permet d'assurer les repas pour ses membres, les touristes et les visiteurs (amis, familles). Une toilette sèche[3] et deux cabines de douche

---

[1] Onze chambres sont réparties dans quatre maisons : « la maison de Jacques », « la nouvelle case » (dont les travaux ont été achevés en mars 2021), « la case ronde » (historiquement la première du site) et l'ancienne maison de fabrication de savon, aujourd'hui habitée par Léou et sa famille. La « case de formation » permet, comme son nom l'indique, de dispenser les formations de permaculture qui ont lieu annuellement depuis 2017.
[2] Elle est équipée de nombreux ustensiles de cuisine, d'étagères, d'un robinet avec un filtre à eau, ainsi que de deux fourneaux pour la cuisson au feu de bois.
[3] Une toilette sèche (ou toilette à compost) est construite sur un principe écologique qui n'utilise pas d'eau, mais des morceaux végétaux (copeaux ou sciures de bois).

sont construites en dur (2017), cinq cabines de toilette et de douche sont faites de matériaux végétaux[1] (2017 et 2021).

La cuisine, juin 2021.

---

[1] Une palissade en feuilles de rônier (appelé encore Borasse ou Borassus, genre de palmier qui pousse au Sénégal et autres pays du sahel) tenue par quatre piquets en bois. Ce matériau est utilisé notamment pour la construction de palissades pour fermer les jardins afin d'éviter l'intrusion du bétail ou pour la toiture des maisons. La « maison de Jacques » comporte une salle de bain composée d'une douche et d'une toilette en faïence.

Une cabine de toilette, juillet 2021.

Un *magasin* (local de stockage de matériel) stocke les outils de jardin (fin de la construction en mars), les sacs de *kembo* (charbon de bois) et autres objets de jardin et de construction.

Une boutique dans la « nouvelle case » (fin de la construction en mars) est prévue pour la future vente de produits transformés issus de la production de fruits et de légumes des jardins.

La « nouvelle case », avril 2021.

L'électricité est fournie à l'aide de sept panneaux solaires (installés en 2018). Elle alimente les ampoules des pièces des maisons, les vérandas, la cuisine, les toilettes sèches et la douche en dur. Deux onduleurs la distribuent, permettant le branchement des appareils électroniques : téléphones portables, lampes électriques, ordinateurs, télévision, box Internet, etc.

Des panneaux solaires, juillet 2021.

Deux bassins d'eau dédiés à l'arrosage sont employés via un système de pompe[1]. Une boulangerie (la construction a été achevée en mars) est composée d'un four à pain. Elle fournit le pain (deux fois par jour) à l'association, ainsi qu'à plusieurs foyers dans le village.

---

[1] Deux cuves d'eau, l'une de 1 000 litres, l'autre de 2 000 litres, sont remplies par un système de forage qui pompe l'eau sous terre, à l'aide d'un groupe électrogène fonctionnant à l'essence. L'une des cuves fournit en eau la cuisine, l'autre la « maison de Jacques », ainsi que deux autres robinets, l'un installé devant cette dernière, l'autre devant la cuisine.

La construction de la boulangerie, mars 2021.

Ladioba est conçu dans l'optique d'accueillir des jeunes qui souhaitent s'émanciper de leur famille pour diverses raisons. Quelle place occupent ce lieu et le projet, dans les parcours de vie de ces jeunes ?

1.3.3. *Ladioba*, espace d'émancipation dans le village : un premier lieu de vie avant le « grand départ » ?

Ladioba semble offrir la possibilité d'expressions individuelles qu'on ne retrouve pas dans le village. Il n'est pas rare, par exemple, d'observer certains jeunes changer d'habillement (allant de l'habit à l'accessoire de mode) lorsqu'ils sortent de *Ladioba*, pour se rendre au village ou dans leurs familles. Un membre permanent, à chacune de ses sorties en dehors de l'association, enlève ses jeans et ses survêtements, pour se vêtir d'un de ses *boubous* (habits) traditionnels. D'autres décrochent leurs boucles d'oreille au moment de se rendre chez leur famille. En effet, les hommes n'ont pas le droit de porter cet accessoire. Un jour, la mère de Tamba, alors qu'il était venu lui rendre visite chez elle, lui fit enlever sa boucle lorsqu'il arriva chez elle.

Solal s'exprime quant à ce sentiment de liberté qu'il ressent en vivant à *Ladioba* :

> « Moi je suis très content être à *Ladioba*, je veux vivre ici. Personne ne te dérange pas, personne ne te dérange pas à *Ladioba* et si au village y'a du bruit là-bas ou bien, quelque chose là-bas, nous ici on est là tranquille, personne ne te dérange pas, tu es libre. »

Ladioba, en offrant la possibilité à ces jeunes de s'installer en dehors des foyers familiaux sans toutefois quitter le village, peut être considéré comme une première étape au projet migratoire.

J'émets l'hypothèse selon laquelle, les tâches normalement réservées aux femmes (vaisselles, cuisine, linge, ménage) que les jeunes réalisent à *Ladioba*, forment ces derniers à s'émanciper des femmes (leurs mères et leurs femmes) et les préparent à une vie loin d'elles.

Ndella, fait remarquer devant moi qu'Elimane ne participe pas suffisamment aux tâches quotidiennes. Il doit, selon elle, s'inscrire davantage dans la vie en collectif, impliquant une répartition des tâches plus importantes entre les membres. Cela fait dire à l'informatrice que le fait d'aller en Europe « Ça va le fatiguer ». Elle ajoute qu'« en Europe c'est la parité ».

La participation aux tâches collectives comporte ici une double fonction : en gagnant en responsabilité par l'apprentissage des tâches normalement féminines, le jeune gagnerait à affronter cette « fatigue » et à occuper une place d'homme qui égalerait celle de la femme.

Le contrôle social sur les jeunes dans le village semble moins présent à *Ladioba*, en raison de l'excentricité du site vis-à-vis du centre. Les choses ne se passent pas sous les yeux des aînés. Néanmoins, cela ne signifie pas que ces derniers ne soient pas au courant de ce qu'il se passe à *Ladioba*.

1.3.4. *Ladioba*, lieu de désengorgement pour les familles du village

Ladioba fonctionne comme un lieu d'accueil permettant d'alléger les charges financières d'un fils pour les familles du village, et ce, à plusieurs égards. La nourriture est prise en charge par l'association, grâce aux dons qu'elle reçoit. Ceux-ci permettent, par l'intermédiaire de Léou, de financer des achats destinés aux jeunes : téléphones portables, forfaits téléphoniques (avec Internet), *Jakarta* (motos), cigarettes, etc. Léou est parfois sollicité par les jeunes pour prendre en charge certains frais médicaux de leurs familles.

Il faut également noter que Léou est plus âgé que la plupart des jeunes de *Ladioba*. Il est de ce fait leur aîné. Nous comprenons qu'étant donné sa position de responsable de *Ladioba* et d'aîné des jeunes, il tient un rôle central en ce qui concerne la hiérarchie sociale et les dépenses. De cette manière, j'avance l'idée selon laquelle, Léou représente une figure paternelle auprès des jeunes. Celle-ci est mentionnée dans l'extrait d'entretien avec Adama :

« Des fois quand je sors de la maison on me voit pas, quand ils vont manger on me voit pas. Des fois ma mère [...] dit aux gens : « Il est parti chez son papa ». Elle dit que c'est Léou qui est mon père : « Il est parti chez son papa » et tout ça. »

La fonction qu'occupe Léou semble correspondre à celle du père de famille dans la société sénégalaise soit, celui de pourvoyeur du foyer. Les fils quant à eux, doivent prendre le relais lorsqu'ils sont en âge de travailler. Dans le cas de *Ladioba*, les jeunes ont effectivement atteint cet âge-là, mais n'occupent pas d'emploi suffisamment « stable » leur permettant de remplir leur devoir d'« homme ». *Ladioba* paraît fonctionner comme une famille. C'est d'ailleurs une manière pour les jeunes et Léou de le désigner de « famille élastique », lorsque de nouveaux liens se créent avec des *Toubab* qui passent du temps à *Ladioba*.

Je souhaite à présent exposer de quelle manière est investie la permaculture. Comment à *Ladioba* les jeunes s'approprient-ils les techniques ? Comment les appliquent-ils ?

2. La permaculture : les techniques appliquées dans les jardins

La permaculture est un principe dont le terme est issu de la contraction en anglais de « permanent agriculture », soit « l'agriculture permanente » en français. Ce concept est fondé dans les années 1970, par deux

Australiens : Bill Mollison et David Holmgren, qu'ils définissent comme « une démarche de conception éthique visant à construire des habitats humains durables en imitant le fonctionnement de la nature ».
Le dictionnaire d'agroécologie « Dico AE » en ligne sur Internet, décrit la permaculture comme : « Un système de culture intégré et évolutif s'inspirant des écosystèmes naturels [...] une démarche éthique et une philosophie qui s'appuient sur trois piliers : prendre soin de la Terre, prendre soin des humains et partager équitablement les ressources »[1].

2.1. L'investissement des espaces : les jardins

Lorsque j'arrive sur le terrain (janvier), tous les espaces ne sont pas investis. Le « Perma garden » est historiquement la première parcelle transformée en jardin maraîcher. Il est construit en 2017. Dedans, quelques plantations semblent, vu leur petite taille, avoir été mises en terre récemment. On y trouve : choux, tomates, manioc, *bisap*[2], courges, concombres, piments, citronnelle, *gombo*[3], ainsi que des fleurs et autres plantes thérapeutiques telles que l'aloé. Les plants disposés dans les mêmes planches (portion d'une parcelle) témoignent d'une volonté de diversification des plants, l'un des principes de la permaculture.

---

[1] https://dicoagroecologie.fr/encyclopedie/permaculture/
[2] *Hibiscus sabdariffa*. Ses fleurs sont utilisées pour la réalisation de boissons fraîches appelées également *bisap*. Ses feuilles lorsqu'elles sont pillées, servent à accompagner certains plats.
[3] *Abelmoschus esculentus*. Plante dont le fruit est utilisé comme condiment.

« Perma garden », février 2021.

Des buttes d'approximativement 90 cm de hauteur mettent en évidence un système d'élévation du niveau des plantations par rapport au sol. Cette hauteur est particulièrement démesurée vis-à-vis de l'utilisation qui en est faite. Certaines buttes sont couvertes par un système de paillage, d'autres servent de pépinières. Les plants seront transplantés dans les autres parcelles du site, une fois la pousse suffisamment avancée (plusieurs semaines).

« Perma garden », janvier 2021.

« Perma garden », janvier 2021.

L'espace central de *Ladioba* est investi par différentes pépinières : papayers, orangers, passion, avocats, palmiers, etc.

Des pépinières, février 2021.

Des arbres occupent de nombreux espaces du site.

Certains sont dispersés çà et là, d'autres sont regroupés dans des parcelles de plantation : papayers, manguiers, bananiers, orangers, moringas ainsi que du manioc. D'autres arbres et arbustes ne sont pas destinés aux cultures, mais plutôt à l'ornement.

Une plantation de manioc, janvier 2021.

Une parcelle anciennement investie lors de la formation « *AmDiobaka* 2020 » appelée le « carré magique » est alors recouverte d'herbes hautes, laissant penser à un espace en friche. Ceci s'explique par le fait qu'une fois les légumes récoltés durant l'année passée (2020), il n'y a pas eu de renouvellement des cultures.

Des buttes de permaculture sont construites par des jeunes permanents et temporaires. Elles prennent la forme de la carte géographique d'Afrique, des lettres formant le mot « perma », d'un soleil, ainsi que de deux croissants de lune et d'une étoile, alors symboles religieux associés à l'islam. Ces buttes sont constituées d'un mélange de coques d'arachide, de terre, de feuillages séchés et de selles de chèvres. Elles s'élèvent à une hauteur d'environ vingt centimètres. Sont plantés : tomates, gombos, poivrons, *bisap*. Ce sont essentiellement ces légumes qui ont été consommés au cours de la formation « *AmDiobaka* 2021 », dispensée au mois d'avril durant deux semaines. Ce que l'un d'entre les jeunes appelle « paillage », ce sont des herbes sèches mélangées à la terre. Tandis qu'en permaculture ce procédé doit permettre de protéger le pied du plant de légumes ou de fruits, ou encore de garder un taux d'humidité de la terre relativement constant, d'après ce jardinier, cela permet de nourrir la terre.

Plus loin, sur la même parcelle, l'un des mêmes jeunes qui a participé à la création de ces buttes, a creusé des cuvettes de vingt à trente centimètres formant les lettres de *Ladioba*. Procédant aux mêmes mélanges que les buttes, il a planté : carottes, poivrons et piments. Il a inspiré, par la suite, d'autres jeunes qui ont imité cette technique de « design ».

Design, mars 2021.

2.2. (Ré)organisation du travail dans les jardins

Un évènement vient marquer un changement de dynamique dans l'organisation et l'implication du travail à *Ladioba* : la réorganisation du travail et des espaces. Ce matériau de l'enquête se révèle déterminant quant à l'orientation des hypothèses émises tout au long de cette recherche.

Nous sommes au début du mois de février. Léou organise une réunion avec les jeunes de *Ladioba*. Le soir autour du feu et du *kinkéliba*[1] qui infuse, tous sont présents.

Le feu et le *kinkéliba*, février 2021.

---

[1] *Combretum micranthum*. Plante médicinale d'Afrique de l'Ouest de la famille des *Combretacées*. Elle comporte des propriétés diurétiques et cholagogues, stimule la fonction biliaire et régule la fonction hépatique.

Léou rentre de la visite d'un ami, qui habite un village voisin. Celui-ci lui a offert des légumes de son jardin (aubergines, tomates, etc.). En même temps qu'il les présente aux jeunes, Léou dit s'étonner d'observer si peu de résultat à *Ladioba*, malgré les moyens qu'a l'association. Il compare les capacités humaines (le nombre élevé de jeunes) et matérielles (le nombre important de puits) de *Ladioba*, à celles dont dispose son ami (un père de famille qui a un seul puits dont le niveau d'eau est faible). Léou tente ainsi d'encourager les jeunes à fournir encore plus d'efforts dans le travail de la terre.

À l'issue de cette réunion, le plus âgé des membres permanents me dit ne pas se sentir assez écouté par les plus jeunes et ne pas comprendre pourquoi ceux-ci ne s'investissent pas davantage dans les jardins. Il me demande de motiver ces derniers, car selon lui, une femme a plus d'autorité qu'un homme sur les jeunes. Je n'ai pas pu valider cette théorie sur le terrain. En effet, des demandes de ma part auprès des jeunes n'ont pas abouti. Ceci m'amène à penser que la manière de fédérer les jeunes autour de la permaculture serait à trouver ailleurs.

Deux semaines après cette réunion, Solal, Elimane et El Hadj, ont investi trois nouvelles parcelles. Elles sont parfois situées sur d'anciens espaces de culture d'orangers, de légumes et de céréales (en atteste la présence de sillons au sol, technique employée pour la culture du blé, du riz et autres céréales). Ils ont chacun construit un jardin, qu'ils entretiennent et organisent à leur manière : planches carrées, rondes ou rectangulaires, buttes, cuvettes. Ils l'arrosent, l'enrichissent d'engrais verts (selles de vaches et de chèvres, coques d'arachide, bois morts, feuillages), repiquent semis et plants, retournent la terre, etc. Le paillage au pied des plants est quant à lui, parfois présent, parfois absent.

Cette nouvelle organisation du travail soulève de

nouveaux questionnements : dans quelle mesure le fait de créer des espaces maraîchers individualisés permettrait-il d'impliquer davantage les jeunes ?

2.3. Les techniques employées

L'un des jeunes permanents est en train de repiquer des plants et de les arroser. Il a mélangé à la terre des selles de vaches et des feuillages secs. Il a paillé certaines plantations en surface. Il m'explique cette alternance du fait de la présence des poules. Ces dernières, sorties de leur poulailler, viennent régulièrement picorer au pied des plants et ainsi disperser le paillage. Il met alors en place un système de protection de ses jeunes plants, entourés par des morceaux de bois qu'il pique dans le sol.

Système de protection des plants contre les poules, mars 2021.

L'un des nouveaux jardins, avril 2021.

Le même jardin, un mois plus tard, mai 2021.

La salade, le *bisap* et le chou qui ont poussé dans ce jardin ont été récoltés en grande partie durant la formation « *AmDiobaka* 2021 » (avril). Quelques semaines après la fin de cette même formation, Solal qui s'en occupait chaque jour, a quitté *Ladioba*. L'entretien s'est arrêté et les plants ont séché.

Une autre parcelle a été investie entre l'ancien poulailler et ce jardin (photo ci-dessus), par deux jeunes permanents, lors de leur installation à *Ladioba*. Leur investissement a pris fin au moment des premières plantations. Ils ont abandonné la parcelle pour travailler à la boulangerie de l'association.

Début d'investissement d'une nouvelle parcelle, mars 2021.

L'ancien poulailler, février 2021.

Le nouveau poulailler, construit durant la formation
« AmDiobaka 2021 » (avril), juillet 2021.

Dans son jardin, l'un des jeunes permanents transplante dans l'une des buttes qu'il a construites, des plants provenant des pépinières du « Perma garden » :

salades, gombos et *bisap* essentiellement. Il arrose une autre butte qu'il a préparée à l'aide de la terre mélangée à du compost durant quatre à sept jours à la suite. Puis, il transplante à nouveau les jeunes plants dans cette deuxième butte. Je participe avec lui à l'arrosage. Nous effectuons de multiples allers-retours entre son jardin et le puits le plus proche (110 mètres approximativement). Puis, nous partons arroser les dix orangers situés derrière son jardin, à quelque 220 mètres du même puits. Il faut remplir chaque fois un seau de dix litres pour arroser deux arbres. Derrière ces plantations d'orangers, ce jeune a construit un autre jardin. S'inspirant du principe de design, il a formé des cuvettes de différentes formes : le symbole des Jeux olympiques, l'année « 1896 », ainsi que les lettres du nom de Léou.

L'un des nouveaux jardins, mars 2021.

Derrière le jardin que nous venons d'évoquer, un autre jeune permanent en a construit un autre. Dans un mélange de selles de chèvres et de terre, il y a planté oignons, tomates et carottes. Il n'a fait ni butte de permaculture ni cuvette, mais a construit son jardin en planches, à la manière de ce qui se fait traditionnellement dans le village : des planches plates de quelques mètres de long et de quelques centimètres de large. Leurs extrémités sont bordées de quelques centimètres de sable, créant ainsi une retenue d'eau. Ce jeune part chaque jour étudier au collège, prépare régulièrement le repas avec d'autres membres, ainsi qu'avec Ndella. Son jardin est celui qui se situe le plus loin des puits. Le fait qu'il soit pris dans de nombreuses tâches, ainsi que la difficulté liée à l'arrosage, peut être à l'origine de l'arrêt de l'entretien de son jardin.

Plantations traditionnelles dans le village, mars 2021.

3. Les limites du projet
3.1. L'arrosage, « le nerf de la permaculture » ?

L'arrosage est l'une des tâches mobilisant le plus les jeunes dans leur quotidien. Nombre d'entre eux l'évoquent comme cause de certains problèmes dans les jardins.

Réalisé une à deux fois par jour, durant plusieurs heures, l'arrosage dépend de l'implantation des puits et des jardins, ainsi que du matériel à disposition. L'eau est prélevée de deux manières : par un système de poulie qui permet de l'extraire manuellement de l'intérieur de deux puits, et par un système de forage, qui fonctionne à partir d'une pompe et d'un groupe électrogène alimenté par de l'essence.

Le puits principal. Historiquement, premier puits construit à *Ladioba* (1999), juillet 2021.

Puits à poulie, juillet 2021.

Puits à poulie, juillet 2021.

Le premier puits de *Ladioba*, mars 2021.

Les jardins sont arrosés à l'aide d'arrosoirs et de seaux, dont l'eau est prélevée majoritairement depuis les deux puits manuels. Un tuyau d'arrosage est raccordé à différents robinets installés sur le site. Ils dépendent de l'extraction d'eau par la pompe. Cette eau sert essentiellement à la consommation et aux douches. Les robinets sont pour cela, peu employés pour l'arrosage, à la demande de Léou. Les jardins sont parfois éloignés des puits de plusieurs centaines de mètres (comme nous venons de le voir ci-dessus), ce qui n'est pas pour faciliter les arrosages (bi)quotidiens.

Plusieurs jeunes se « plaignent » auprès de moi que les autres ne se mobilisent pas suffisamment dans l'arrosage. Souleymane me dit qu'il a arrosé des buttes de permaculture et planté des légumes dans la journée. Il précise que les autres, quant à eux, n'arrosent pas. Il fait une corrélation entre l'absence de *Toubab* à l'association et l'implication dans le travail collectif. Il dit remarquer que les activités de jardinage avancent lorsqu'il y a la présence de *Toubab*.

Tamba me dit que l'arrosage n'est pas assez constant. C'est selon lui, la raison pour laquelle à *Ladioba*, on ne mangerait pas ce qui est cultivé. Il avait planté des oignons qui, durant son absence (deux semaines), avaient séché sur pied.

Le troisième jardin présenté plus haut, est arrosé avec l'aide d'une jeune femme en *workaway* venue au cours d'un séjour de trois mois. Celle-ci l'arrose le matin essentiellement. Le jeune permanent arrose le soir. Elle met fin à cette tâche au bout de quelques semaines et le jeune ne poursuit pas la tâche. Il n'y a pas non plus de relève de la part d'autres jeunes. Les plantations se mettent à sécher et il n'y a pas de récolte. Lorsque j'évoque au cours d'un entretien informel ce jardin avec ce jeune, celui-ci m'explique avoir terminé de récolter ce qu'il avait fait pousser. Au cours d'un autre entretien, formel cette fois-ci, il me dit ne rien avoir récolté.

Je constate que dans le « Perma garden », de nombreux végétaux sont morts. Fall m'explique que lorsqu'il s'est absenté de *Ladioba* pendant deux jours, le jardin n'avait pas été arrosé. Il me dit que s'il ne demande pas aux autres jeunes de le faire, ceux-là ne le font pas. Pourtant, Fall me dit leur avoir fait la demande.

Plusieurs jeunes me disent ne pas solliciter d'autres jeunes, par peur de gêner, ou encore, par crainte qu'ils pensent du mal d'eux. Il est difficile également, pour certains, de dire à un autre jeune qu'il ne fournit pas assez de travail. Tamba m'explique qu'il faut éviter de « faire honte » à quelqu'un devant tout le monde.

La nouvelle organisation des jardins individualisés comporte donc certaines limites que je viens d'évoquer. La communication entre les jeunes fait défaut pour maintenir un arrosage constant des plantations. L'abandon des jardins a été observé à plusieurs reprises.

3.2. Le maraîchage : activité non lucrative et répartition genrée du travail

Dans quelle mesure la répartition genrée du travail en vigueur à Diobakane, se retrouve-t-elle au niveau de l'investissement dans les jardins ?

L'hypothèse que j'avance est la suivante : l'une des limites de l'investissement de la permaculture à *Ladioba*, est en partie liée au fait que le maraîchage est une activité qui incombe davantage aux femmes qu'aux hommes à Diobakane, et plus largement, dans la société sénégalaise.

La sociologue Fatou Sow, dont des recherches portent sur les questions de genre en Afrique, nous apprend que : « Comme toutes les paysannes du monde, les paysannes africaines participent activement aux activités agricoles. Elles en arrivent à représenter entre 60 et 80 % de la force de production agricole sinon plus, en raison de leurs charges dans les cultures vivrières. L'exemple devenu classique au Sénégal de la riziculture, production dominante du monde casamançais où les femmes tiennent le rôle principal, l'illustre bien. Dans la polyculture de Basse-Casamance (riz, mil, arachide, maïs), la culture du riz joue un rôle très important tant sur le plan économique que religieux. En dehors du labour des rizières réservé aux hommes, la femme s'occupe de toutes les autres tâches : préparation chimique du sol, semis et repiquage » (Sow, 1987)[1].

En l'absence des femmes à *Ladioba*, ce sont les hommes qui réalisent cette activité. Mais, d'après les observations que j'ai pu faire et dont j'ai fait part dans une précédente sous-partie intitulée « L'arrosage, le nerf de la permaculture », je constate une faiblesse d'entretien des

---

[1] Sow, Fatou. Femmes africaines, emploi et division internationale du travail. Éditions Présence Africaine | « Présence Africaine » 1987/1 N° 141 | pp.195-226.

jardins sur le long terme chez certains jeunes.

La question de l'absence d'argent générée par la permaculture revient régulièrement dans les discours des candidats au départ. Ils mettent en avant cette réalité à plusieurs reprises, afin de justifier leur envie d'aller en Europe.

Plusieurs jeunes pratiquent une autre activité à côté de celles de *Ladioba* qui leur rapporte un peu d'argent : Elimane réalise des travaux de peinture ; d'autres effectuent ponctuellement des travaux dans les champs pour des habitants du village (payés entre 2 000 et 5 000 francs CFA, soit entre 3,10 et 7,75 euros pour l'équivalent d'une demi-journée) ; Souleymane, Solal, Basse, Adama et Cissé, font du transport de personnes en *Jakarta* (payé approximativement 3 000 francs CFA, soit 4,65 euros). Lorsque j'arrive sur le terrain, Basse et Adama sont *jakartaman* depuis plusieurs mois. Durant ce terrain, Solal et Cissé se lancent dans cette activité, grâce à des motos achetées par Léou.

Un autre point nous amène à penser la question des limites du projet : il s'agit des deux approches différentes de l'exode de la part d'un côté, du responsable de l'association sur place, Léou, et de l'autre, du fondateur de l'association en France, Paul.

3.3. Deux responsables d'*AmDiobaka*, deux visions de la lutte contre l'exode

Ce projet de permaculture promu comme « réponse à l'exode », vise toute forme de départ pour l'Europe ou les grandes villes du Sénégal. Cette vision défendue à *AmDiobaka* depuis la France, alors essentiellement représentée par Paul, est-elle partagée à *Ladioba* par les autres acteurs de l'association ?

Depuis 2010, Léou a déposé au total six demandes

de visas à l'ambassade de France du Sénégal. Il a chaque fois essuyé un refus. Il nous parle de son ressenti face à tant d'échecs :

> « Moi mon envie de partir, ça c'est quelque chose, je sais même pas si j'suis fiché là-bas à l'ambassade de France, si mon nom a été grillé ou pas, je sais pas. En tout cas, c'est le moment pour moi de mettre encore de, comment on appelle ça, de poudre au feu pour savoir si effectivement mon nom a été grillé à l'ambassade de France. Si mon nom a été broyé ou bien fiché, ça, je ferai plein de vidéos parce que qu'est-ce que j'ai fait à l'ambassade de France pour que mon nom soit broyé ? Qu'est-ce que j'ai fait d'mal ! »

Chez Léou, la remise en question est très présente. Plus que d'interroger son rôle dans les refus de visa, il en vient à porter personnellement une culpabilité. Le lexique employé est fort : le terme « broyé » renvoie à l'image d'une institution comme d'une machine.

Racontant à plusieurs reprises ses tentatives d'aller en France par la voie légale, devant les jeunes de *Ladioba* (autour du feu le soir notamment), je m'interroge sur ce que cela peut produire dans les esprits. Au cours d'un entretien formel, je demande à Léou ce qu'il pense de la réception de son discours par les jeunes et l'impact qu'il a sur l'élaboration des projets de départ chez certains d'entre eux :

> « Y'a aucun Africain qui a envie de rester ici en Afrique. C'est-à-dire, le truc il est simple, c'est qu'aujourd'hui, tous les jeunes qui veulent partir, il faut qu'ils comprennent qu'ils méritent, y'a des places qu'ils méritent ici et maintenant. Nous on a vu des permaculteurs qui ont choisi d'avoir des centaines d'hectares. »
>
> « Moi les refus de visas que j'ai eu, quand je raconte ça aux jeunes, c'est pour leur montrer que vous, vous pouvez être des responsables demain, et vous ne mériterez pas de

prendre la pirogue, vous ne mériterez pas de passer [les] frontières par le passeur pour aller en Europe. Mon exemple il est clair. Depuis 2010 je n'ai fait que des demandes de visas légaux, et ça n'a jamais été accepté. Et jusqu'à présent je suis courageux et je suis là. Et pourtant j'avais eu les moyens de quitter l'Afrique. Parce que je suis allé deux fois le Maroc et j'ai jamais pris la pirogue. Je suis allé dans les pays à travers lesquels j'ai quand même pu prendre mon envol et partir directement. »

Léou commence par situer son désir d'aller en Europe dans une pensée englobante, qui serait partagée par tous les Africains. Il mobilise ensuite le rapport au mérite que les jeunes auraient à ne pas quitter l'Afrique et à ne pas emprunter les voies illégales. Il prend pour ce faire, l'exemple d'individus qui ont investi la permaculture.

Pour Léou, l'activité à *Ladioba* existe afin d'empêcher les « candidats au départ » de développer le désir d'emprunter des voies illégales :

« Plus je raconte cette histoire, plus ça renforce les jeunes à comprendre ce qu'il se passe. Je suis l'un des responsables aussi parmi les jeunes qui sont passés par ici et qui montrerai […] la voie légale. Parce que moi je vais pas dire que ouais j'ai envie de rester là, si j'ai envie de rester, mais, j'ai envie de rester là et si j'ai envie de bouger, [que] je bouge quoi. »

Il y a chez cet homme, une forte envie de séjourner temporairement en Europe par la voie légale. Je lui demande ce qu'est l'exode pour lui :

« Si Solal il n'avait pas cette activité ici, aujourd'hui, il allait vendre la parcelle de sa maman, ou les vaches ou les troupeaux chai pas quoi pour prendre la pirogue pour quitter l'Afrique, par la mer. Mais Alé [un jeune du village marié à une femme française et vivant en France], c'est pas un exode Alé. Alé il a un destin, c'est-à-dire qu'il faut pas que Paul cherche à combattre le destin. Quand on combat le destin on finit par perdre l'espoir. »

Ladioba est présenté comme un lieu qui réussit à retenir les jeunes au village. Il oppose le profil de Solal à celui d'Alé, dont le départ pour l'Europe par la voie légale (mariage) ferait partie de son destin. Il mobilise des termes issus du répertoire religieux, afin de justifier le choix qu'Alé fait en allant vivre en France.

Léou exprime également son souhait de se rendre en Europe pour rapporter aux jeunes de *Ladioba* et de Diobakane, ce que des personnes émigrées vivent sur le continent lorsque, sans papiers, elles se retrouvent sans toit. Ainsi, il espère renforcer sa légitimité auprès des jeunes qui ne le perçoivent pas toujours comme capable de parler de l'Europe, lui qui ne s'y est encore jamais rendu.

Je questionne ensuite Paul, afin de comprendre son positionnement vis-à-vis de l'exode des jeunes de *Ladioba* :

- « Pourquoi pour toi c'est important que les jeunes ne partent pas de là-bas ? »
- « Moi j'ai juste mon avis sur le plan personnel, le fait qu'ils se marient, quoi sur ce genre de mariage, j'ai mon avis personnel qui fait que je suis pas le plus optimiste sur ce genre de mariage par exemple […]. C'est plus une recherche de l'un à aller en France plutôt que de l'autre à chercher à être amoureux de quelqu'un tu vois. »
« Si tu ramènes ça à l'exode, y'a quand même une volonté des jeunes de se marier avec une *Toubab*, les jeunes garçons de se marier avec une *Toubab*. Je pense quand même, même si on connaît pas trop à Diobakane, y'a de plus en plus de jeunes filles de Diobakane [qui veulent se marier] avec un *Toubab*, mais on le voit moins par rapport à *Ladioba*. »
« Je trouve juste que ce moyen il est souvent biaisé, voilà. Mais qu'il est moins dangereux qu'une pirogue ou que le

Maroc ou que la Libye. [...] Je peux pas moi dire que j'interdis l'exode, [que] je les interdis de partir [...] non je les interdis pas de partir, c'est juste que s'ils partent en pirogue, ils vont mourir les gars quoi. Donc faut leur dire, donc faut les sensibiliser. Et faut p't'être décourager les passeurs. »

Les modes de relations qui se tissent entre les femmes et les jeunes hommes de *Ladioba*, ne correspondent pas à la vision que cet enquêté se fait du mariage. Néanmoins, la voie du mariage pour rejoindre l'Europe, lui semble moins dangereuse que la voie irrégulière de la pirogue. Cette vision de l'union diffère de celle en vigueur à Diobakane.

Tandis que le fait d'occuper un emploi permettrait aux jeunes hommes de « se réaliser socialement » (Mondain ; Diagne ; Randall, 2012)[1], les difficultés qu'ils rencontrent à en trouver retardent l'acquisition de leur statut d'adulte. « Ceci se traduit notamment par l'allongement de la période de dépendance vis-à-vis des aînés, les jeunes vivant plus longtemps chez leurs parents et se mariant plus tardivement » (Ibid.). De plus, dans la société sénégalaise, les choix matrimoniaux sont l'affaire des aînés :

> « Souvent y'a certains parents même qui ne regardent pas l'amour de leur enfant, on l'encourage à aller vers le bien matériel. Tout un chacun veut que je donne ma fille à quelqu'un qui pourra l'entretenir, ça c'est très déterminant dans le choix. » ;
> « Auparavant certaines jeunes filles ne savent même pas [avec] qui elles vont marier. On vient, on célèbre le mariage. À l'heure d'aujourd'hui y'a eu beaucoup de

---

[1] Mondain, Nathalie ; Diagne, Alioune ; Randall, Sara. Migration et responsabilités intergénérationnelles : implications pour la transition à l'âge adulte des jeunes migrants sénégalais, Muriel Gomez-Perez éd., *L'Afrique des générations. Entre tensions et négociations.* Karthala, 2012, pp. 259-297.

changements dans la société qui te disent que, maintenant le choix dépend de la fille, tu y vas, tu demandes la main d'une fille, est-ce qu'elle est d'accord, c'est la question qu'on te pose. Avant d'aller voir les parents d'abord tu vas voir la fille. […] Aujourd'hui si la femme accepte, la *kola* sera célébrée. » (Kader)

Les choix matrimoniaux, semblent avoir évolué entre aujourd'hui et cet « auparavant » dont parle Kader : la femme choisit davantage son partenaire. Qu'en est-il de la place de l'homme dans le choix matrimonial ?

- « Est-ce que l'homme a aussi le choix dans le mariage ? »
- « Auparavant les hommes ils avaient un peu moins de choix. […] Même le garçon on impose sa femme. […] Les deux pères discutent entre eux du mariage de leurs enfants. […] Le père de la fille va voir le père du garçon lui demander la main de sa fille pour son fils. […] Parfois des jeunes filles ont du mal à se prononcer devant leurs parents. » (Kader)

Ces arrangements matrimoniaux sont clairement explicités par l'écrivaine Fatou Diome, lorsqu'elle dit qu'« on marie rarement deux amoureux, mais on rapproche toujours deux familles : l'individu n'est qu'un maillon de la chaîne tentaculaire du clan. Toute brèche ouverte dans la vie communautaire est vite comblée par un mariage. Le lit n'est qu'un prolongement naturel de l'arbre à palabres, le lieu où les accords précédemment conclus entrent en vigueur. La plus haute pyramide dédiée à la diplomatie traditionnelle se ramène à ce triangle entre les jambes des femmes » (Diome, 2003)[1].

À *Ladioba*, les choix de partenaires semblent

---

[1] Diome, Fatou. Le ventre de l'Atlantique. Edition Anne Carrère. Paris. 2003.

davantage émaner des jeunes eux-mêmes. Cette donnée provient d'observations que j'ai pu faire et de faits qui m'ont été rapportés par des enquêtés eux-mêmes.

J'observe que, plus le nombre de *Toubab* augmente à *Ladioba*, plus le nombre de jeunes hommes du village est important. Je note une récurrence de relations amoureuses entre de jeunes sénégalais (ou issus de pays frontaliers) et des femmes occidentales, venues dans le cadre d'un projet humanitaire, d'entraide ou de permaculture (formation « *AmDiobaka* 2021 » et *workaway*). Sur quatorze femmes ayant séjourné à *Ladioba* durant quelques semaines pour certaines, plusieurs mois pour d'autres, cinq femmes ont eu une « aventure » avec un jeune. Ces relations viennent interroger les liens tissés entre ces acteurs de l'association et dans un même mouvement, les impacts qu'elles provoquent sur les volontés de départ : en quoi ces types de relation sont-ils porteurs d'espoir de migration légale chez les jeunes de *Ladioba* ?

En se liant avec une femme *toubab*, celle-ci devient le moyen à travers lequel, ces hommes peuvent espérer accéder au statut d'adulte responsable, par la voie du mariage et ainsi rejoindre l'Europe, par la voie légale du visa. Comme l'exprime clairement l'anthropologue Christine Salomon : « cohabitation et mariage sont envisagés comme une issue possible à la pauvreté, un accès au voyage et une meilleure inscription dans un monde globalisé » (Salomon, 2009)[1]. Toutefois, les modes de relation qu'entretiennent certaines femmes *Toubab* avec les jeunes hommes de *Ladioba*, viennent rarement répondre à cette stratégie. En effet, sur vingt-et-une années de rencontres entre ces hommes et ces femmes, seulement trois mariages ont été célébrés. Deux hommes de Diobakane par

---

[1] Salomon, Christine. « Antiquaires et businessmen de la Petite Côte du Sénégal. Le commerce des illusions amoureuses », Cahiers d'études africaines, 193-194 | 2009, pp 147-173

la suite se sont installés en France et ont fondé une famille. Le troisième mariage a été acté par la *kola*[1] à Diobakane. Il n'a pas été déclaré administrativement et a finalement été rompu à Diobakane. Toutes les relations qui sont nées à *Ladioba* durant mon terrain ainsi qu'en 2018 (lors de la phase de terrain préliminaire), se sont terminées lorsque les femmes ont quitté le Sénégal ou peu de temps après. Ainsi, on peut avancer que la voie du mariage pour se rendre en Europe se cantonne à un mirage.

Conclusion de partie

Si des légumes du jardin composent de nombreux repas à *Ladioba* et que des fruits sont régulièrement consommés, l'association ne parvient aujourd'hui pas, à être pleinement autonome sur les plans alimentaire et financier. La permaculture ne génère pas d'argent, tandis que la recherche de ce dernier est l'une des raisons qui poussent les jeunes à vouloir migrer en Europe. Malgré les difficultés d'implantation que la permaculture rencontre à *Ladioba*, *AmDiobaka* permet aux jeunes hommes sénégalais et de pays frontaliers de trouver un lieu de vie en dehors de leurs familles, durant quelques mois pour certains, plusieurs années pour d'autres. Les divergences de visions de l'exode entre les deux principaux responsables d'*AmDiobaka* révèlent, en filigrane, des positionnements différenciés au sein de l'association et vis-à-vis des relations amoureuses entre les jeunes hommes sénégalais et les femmes européennes.

CONCLUSION

Ce travail a permis de comprendre dans quelles mesures les facteurs d'émigration des jeunes hommes de *Ladioba* vers l'Europe sont multidimensionnels.

Si les possibilités de trouver un travail ou encore une activité suffisamment rémunératrice étaient plus fréquentes, elles dispenseraient les jeunes de penser à un ailleurs (Sayad, 1999)[1]. Les jeunes abandonnent fréquemment leurs études, ce qui réduit davantage les possibilités d'une ascension sociale. Aujourd'hui, « on assiste à l'effritement progressif du modèle postcolonial de promotion sociale fondée sur l'école » (Mondain ; Diagne ; Randall, 2012)[2]. En raison des difficultés financières, le mariage et la paternité, passages décisifs dans la vie d'un homme, sont retardés.

La place du jeune dans sa fratrie ainsi que son sexe (aîné, homme) sont déterminants au niveau des justifications des projets migratoires. De plus, les règles tacites obligent les individus à répondre aux devoirs envers leurs aînés (subvenir aux besoins de la famille et de la mère en priorité). Les jeunes dans leur discours mettent en avant ces solidarités intergénérationnelles valorisées au sein de la famille, justifiant par-là, la nécessité de partir.

Le facteur économique vient répondre à un désir de reconnaissance et de prestige social à travers la possession d'objets de consommation : télévision, réfrigérateur, habits et voitures essentiellement. « Dans le même temps, pour

---

[1] Sayad, Abdelmalek. « La double absence. Des illusions de l'immigré aux souffrances de l'émigré ». Seuil. France. 1999.
[2] Mondain, Nathalie ; Diagne, Alioune ; Randall, Sara. « Migration et responsabilités intergénérationnelles : implications pour la transition à l'âge adulte des jeunes migrants sénégalais », Muriel Gomez-Perez éd., *L'Afrique des générations. Entre tensions et négociations.* Karthala, 2012, pp. 259-297.

l'immense majorité, les situations et les biens que donne à voir la télévision satellitaire, présentés comme absolument nécessaires à une vie acceptable, demeurent un luxe inaccessible » (Salomon, 2012)[1].

L'Europe occupe la place de premier choix dans les destinations d'arrivée : elle est cet espace qui permettrait aux jeunes de répondre à leur désir. « L'enjeu socio-anthropologique des nouvelles migrations reste la situation postcoloniale, la colonisation ayant procédé, par la violence réelle et subtile, à ce que j'ai appelé ailleurs « la castration symbolique », qui dispose les Africains à une schizophrénie consistant à vivre chez eux et à rêver frénétiquement d'Europe » (Bergson, Ngnemzué, Lafay, 2016)[2].

La vie en Europe est perçue depuis le village, à travers le prisme de certains Sénégalais émigrés, qui renvoient le plus souvent une vision enchantée de l'Europe. À travers les réseaux sociaux, ils diffusent une image déformée des réalités qu'ils vivent sur place. « L'Europe reste associée à un imaginaire d'ascension sociale et économique », nous dit encore Salomon (Ibid.). Quand l'émigré, devenu immigré sur le sol européen (Sayad, 1999) rentre le temps d'un court séjour, les valises remplies d'objets qu'il distribue en « cadeau », il alimente chez ceux qui ne sont pas partis, les fantasmes de l'Europe. La figure de l'émigré qui a fait construire sa maison au village participe à la construction des imaginaires collectifs autour d'une Europe idéalisée.

Les expériences migratoires illégales, vécues par des migrants revenus au village, ne sont pas toujours

---

[1] Salomon, Christine « Le prix de l'inaccessible », L'Homme, pp. 203-204 | 2012.
[2] Bergson, Ange ; Ngnemzué, Lendja. *In* : Lafay, Marina. « Déglobaliser l'analyse anthropologique des mobilités africaines postcoloniales ». et al., « Regards scientifiques sur l'Afrique depuis les Indépendances » Karthala | Hommes et sociétés, 2016 | pp. 79-94.

racontées à l'entourage. Lorsqu'elles le sont et qu'elles ont été traumatisantes (emprisonnements, coups, rackets, etc.), elles découragent rarement d'autres jeunes à partir : les routes de l'exode (maritimes et routières) ne sont pas systématiquement perçues comme dangereuses. La question du risque ne fait pas toujours sens, tant l'arrivée prévaut sur la traversée et que les imaginaires autour de l'Europe sont plus forts (Sayad).

Les divergences de point de vue sur la question de l'exode entre les deux principaux responsables du projet Léou et Paul révèlent des positionnements différenciés à l'association. Les relations amoureuses à *Ladioba* viennent interroger les volontés d'accéder à un exode légal.

Si l'autonomie alimentaire et financière de *Ladioba* vis-à-vis d'*AmDiobaka* est en développement, le dispositif de permaculture ne le permet pas encore pleinement. Dans une division genrée du travail, le maraîchage est l'activité réservée aux femmes dans le village, ce qui peut expliquer les difficultés que rencontrent certains jeunes hommes à s'investir dans les jardins. De plus, les moyens manquant parfois sur le site (arrosage) ne facilitent pas la tâche. Il faut tenir compte du fait que la pandémie de la COVID-19 a joué un rôle : la baisse des revenus générés par les activités (formation, accueil des *workaway*) a créé une dépendance supplémentaire vis-à-vis des dons associatifs. De plus, le projet de permaculture est jeune à *Ladioba* (2017).

Il serait intéressant de poursuivre cette recherche afin de percevoir les évolutions dans le temps et d'approfondir cette recherche, afin de permettre d'accompagner toujours mieux, les jeunes en proie à l'exode.

LISTE DES ACRONYMES

ANSD :	Agence nationale de la statistique et de la démographie
ASC :	Association sportive et culturelle
CEDEAO :	Communauté économique des États d'Afrique de l'Ouest
CFA :	Communauté française d'Afrique
CI :	Classe d'initiation
CP :	Classe préparatoire
CREA :	Centre de recherches économiques appliquées
GIE :	Groupement d'intérêt économique
GISTI :	Groupe d'information et de soutien des immigrés
OIM :	Organisation internationale pour les migrations
ONG :	Organisation non gouvernementale
OQTF :	Obligation de quitter le territoire
PCR :	Polymerase chain reaction
SMIC :	Salaire minimum interprofessionnel de croissance
UE :	Union européenne

LISTE DES PHOTOGRAPHIES

Photo 1 : Départ pour une matinée de travaux collectifs
Photo 2 : Construction d'un *garage* (gare routière) à Allahine (frontière gambienne)
Photo 3 : Construction d'un *garage* (gare routière) : Les moins jeunes du village ont rejoint les travaux collectifs
Photo 4 : La mosquée principale, dans le quartier central
Photo 5 : Une classe du « Jardin d'enfants »
Photo 6 : « École 1 »
Photo 7 : « École 2 »
Photo 8 : *Jakarta*
Photo 9 : Construction d'une route reliant le centre du village au site de l'association
Photo 10 : Construction d'une route reliant le centre du village au site de l'association
Photo 11 : La cuisine
Photo 12 : Une cabine de toilette
Photo 13 : La « nouvelle case »
Photo 14 : Des panneaux solaires
Photo 15 : La construction de la boulangerie
Photo 16 : « Perma garden »
Photo 17 : « Perma garden »
Photo 18 : « Perma garden »
Photo 19 : Des pépinières
Photo 20 : Une plantation de manioc
Photo 21 : Design
Photo 22 : Le feu et le *kinkéliba*
Photo 23 : Système de protection des plants contre les poules
Photo 24 : L'un des nouveaux jardins
Photo 25 : Le même jardin un mois plus tard
Photo 26 : Début d'investissement d'une nouvelle parcelle
Photo 27 : L'ancien poulailler

Photo 28 : Le nouveau poulailler, construit durant la formation « AmDiobaka 2021 » (avril)
Photo 29 : L'un des nouveaux jardins
Photo 30 : Plantations traditionnelles dans le village
Photo 31 : Le puits principal. Historiquement, premier puits construit à *Ladioba* (1999)
Photo 32 : Puits à poulie
Photo 33 : Puits à poulie
Photo 34 : Le premier puits de *Ladioba*
Photo 35 : Dessin réalisé par des jeunes de *Ladioba* sur le mur de la « Case ronde »

BIBLIOGRAPHIE

Agier, Michel. « Les migrants et nous. Comprendre Babel. » CNR Editions. Paris. 2016.

Bancel, Nicolas. « Le postcolonialisme. » Que sais-je ?. Paris. 2019.

Bensa, Alban. « De la relation ethnographique. » Paris. 1995.

Bergson, Ange ; Ngnemzué, Lendja. *In* : Lafay, Marina. « Déglobaliser l'analyse anthropologique des mobilités africaines postcoloniales » et al., Regards scientifiques sur l'Afrique depuis les Indépendances. Karthala | « Hommes et sociétés » 2016 | pp. 79-94.

Diome, Fatou. « Le ventre de l'Atlantique. » Anne Carrière. Paris. 2003.

Flahaux, Marie-Laurence ; Beauchemin, Cris ; Schoumaker, Bruno. In, Beauchemin, Cris et al., « Migrations africaines : le codéveloppement en questions. » Armand Colin | « Recherches » 2013 | pp. 91-126.

Flahaux, Marie-Laurence ; Lessault, David. « Regards statistiques sur l'histoire de l'émigration internationale au Sénégal. », *Revue Européenne des Migrations Internationales* | vol. 29 - n°4 | 2013. pp. 59-88.

Fourquet, Thomas. « Imaginaires migratoires et expériences multiples de l'altérité : une dialectique actuelle du proche et du lointain. » Presses de Sciences Po | « Autrepart » 2007/1 n° 41 | pp. 83-98.

Gastineau, Bénédicte ; Golaz, Valérie. « Être jeune en Afrique rurale. » De Boeck Supérieur | « Afrique contemporaine ». 2016/3 N° 259 | pp. 9-22.

Goffman, Ervin. « La mise en scène de la vie quotidienne. Les relations publiques. » Les éditions de minuit. 1973.

Grégoire, Vincent. « Migrants et réfugiés, ou la reconnaissance comme tri. » Éditions de l'Association Paroles | « Sens-Dessous » 2008/2 N° 4 | pp ; 67-79.

Kane, Abou. « Dynamique de l'emploi au Sénégal : un suivi de cohortes sur la période 1992-2011. », *Revue d'économie du développement*, vol. 22, no. 1, 2014, pp. 75-105.

Kaufmann, Jean-Claude. « L'entretien compréhensif. L'enquête et ses méthodes. » Nathan. Paris, 1996.

Lecestre-Rollier, Béatrice. « L'un et l'autre sexe : une ethnologue au Maroc. », Journal des anthropologues, | 2011.pp. 124-125.

Marut, Jean-Claude. « Le conflit en Casamance. Ce que disent les armes. » Karthala. Paris, 2010.

Mauss, Marcel. « Essai sur le don. Forme et raison de l'échange dans les sociétés archaïques. » Année sociologique. Paris. 1923.

Mondain, Nathalie ; Diagne, Alioune ; Randall, Sara. « Migration et responsabilités intergénérationnelles : implications pour la transition à l'âge adulte des jeunes migrants sénégalais », Muriel Gomez-Perez éd., *L'Afrique des générations. Entre tensions et négociations.* Karthala, 2012, pp. 259-297.

Ndiaye, Mandiogou ; Robin, Nelly. « Les migrations internationales en Afrique de l'Ouest. », Hommes & migrations | 2010. pp. 1286-1287.

Ngom, Abdoulaye. « « Les damnés de la mer ». Les candidats à la migration au départ de la Casamance. » Association Française des Anthropologues | « Journal des anthropologues » 2018/3 n° 154-155 | pp. 285-304.

Niane, Djibril Tamsir. « Aux origines du Gabou, Histoire des Mandingues de l'Ouest. » Karthala, 1989.

Niane, Djibril Tamsir. « Soundjata ou l'épopée mandingue. » Présence africaine. Paris. 1995.

Panoff, Michel ; Perrin, Michel. « Dictionnaire de l'ethnologie. » Payot. Paris. 1973.

Pian, Anaïk. « Le « tuteur-logeur » revisité. Le « thiaman » sénégalais, passeur de frontières du Maroc vers l'Europe. », Politique africaine, vol. 109, no. 1, 2008, pp. 91-106.

Piché, Victor. « Les théories migratoires contemporaines au prisme des textes fondateurs. », *Population*, vol. 68, no. 1, 2013, pp. 153-178.

Robin, Nelly ; Gonin, Patrick. « Les routes migratoires par le Sénégal. Le Maghreb à l'épreuve des migrations subsahariennes ». Karthala, 2009, pp.112-139.

Rodier, Claire. « Externalisation du contrôle des flux migratoires : comment et avec qui l'Europe repousse ses frontières. », *Migrations Société*, vol. 116, no. 2, 2008, pp. 105-122.

Salomon, Christine. « Antiquaires et businessmen de la Petite Côte du Sénégal. Le commerce des illusions amoureuses. », Cahiers d'études africaines, 193-194 | 2009, pp. 147-173.

Salomon, Christine. « Le prix de l'inaccessible. », *L'Homme*. 203-204 | 2012.

Sayad, Abdelmalek. « La double absence. Des illusions de l'immigré aux souffrances de l'émigré. », Seuil. France. 1999.

Sow, Fatou. « Féminisme : Une question politique. », Éditions Kimé | « Tumultes » 2011/2 n° 37 | pp. 51-57.

Sow, Fatou. « Femmes africaines, emploi et division internationale du travail. » Éditions Présence Africaine | « Présence Africaine » 1987/1 N° 141 | pp. 195-226.

Tandian, Aly. « Barça ou Barsaax : (Aller à Barcelone ou mourir). Le désenchantement des familles et des candidats sénégalais à la migration. » *In* : Diasporas. Histoire et sociétés, n°9, 2006. Chercher fortune. pp. 124-137.

Wihtol de Wenden, Catherine. « Le droit d'émigrer. » CNRS Éditions. Paris, 2013.

WEBOGRAPHIE

https://www.larousse.fr/encyclopedie/divers/émigration_rural/50492

https://www.iom.int/fr/termes-cles-de-la-migration

https://www.larousse.fr/dictionnaires/francais/marigot/49483

https://www.economie.gouv.fr/entreprises/groupement-interet-economique-gie#

https://dicoagroecologie.fr/encyclopedie/permaculture/

https://www.liberation.fr/tribune/2006/06/13/emigration-illegale-une-notion-a-bannir_44555/

http://carte-monde.org/wp-content/uploads/2016/10/carte-vierge-senegal.jpg

Dessin réalisé par des jeunes de *Ladioba* sur le mur de la « Case ronde », juillet 2021.

Table des matières

PREFACE 9
INTRODUCTION 11

CHAPITRE I
PRÉSENTATION DE LA RECHERCHE

1. La construction de l'objet de recherche 15
2. La population de l'enquête... 17
3. Le lieu de l'enquête.. 25
4. La méthodologie d'enquête.. 28
4.1. Les outils de l'enquête 28
4.1.2. L'« observation participante »................................ 28
4.2. La traduction et le traducteur 30
5. Réflexivité : la place de la chercheuse sur le terrain.... 31
6. Usage des signes et des termes dans le corpus de texte 34

CHAPITRE II
LES FACTEURS DE CONSTRUCTION DE PROJETS MIGRATOIRES

1. Un exode à plusieurs visages 35
2. Externalisation des politiques migratoires européennes 39
3. Contexte sénégalais : une faiblesse dans l'embauche et des études peu adaptées au marché de l'emploi 43
3.1. La problématique de l'emploi................................... 43
3.2. Des travaux peu ou pas rémunérateurs 47
3.3. Des parcours scolaires avortés 52

4. L'Europe ou le mythe de l'Eldorado 59

4.1. Le « matériel » comme source de prestige social 59

4.1.1. Posséder une « belle maison » 59

4.1.2. Posséder une voiture 61

4.2. Des informations biaisées par des Sénégalais qui ont migré en Europe 64

5. Structure familiale et projets migratoires 69

5.1. Fratrie et genre : mobilisation du rang d'aîné et du sexe masculin dans les discours liés aux projets migratoires ... 70

5.2. Droit d'aînesse 78

5.2.1. Un oncle qui décide du départ de son neveu 78

5.2.2. Un grand frère qui incite son cadet à rejoindre l'Europe en pirogue 83

5.2.3. Une mère qui s'oppose au projet de départ en pirogue de son fils 84

5.3. Assurer la dot du mariage 91

5.3.1. Thiawlo, ancien migrant revenu au village 91

5.3.2. Les causes de son départ 93

6. Représentations du risque des traversées et transmission d'expériences 98

6.1. Rapport au risque 99

6.2. Des expériences migratoires qui ne sont pas racontées à l'entourage 103

6.3. Des expériences migratoires racontées 107

7. Mohamed, passeur de candidats à l'émigration 111

CHAPITRE III
LUTTE CONTRE L'ÉMIGRATION ET PERMACULTURE

1. Dispositif associatif pour maintenir les jeunes au village 116

1.1. L'association FIER.. 116

1.2. ... devient *AmDiobaka*... 119

1.3. *Ladioba* 123

1.3.1. Membres « permanents » et membres « temporaires »... 123

1.3.2. Les structures du lieu 125

1.3.3. *Ladioba*, espace d'émancipation dans le village : un premier lieu de vie avant le « grand départ » ? 131

1.3.4. *Ladioba*, lieu de désengorgement pour les familles du village.. 132

2. La permaculture : les techniques appliquées dans les jardins.. 133

2.1. L'investissement des espaces : les jardins............... 134

2.2. (Ré)organisation du travail dans les jardins............ 140

2.3. Les techniques employées...................................... 142

3. Les limites du projet... 147

3.1. L'arrosage, « le nerf de la permaculture » ? 147

3.2. Le maraîchage : activité non lucrative et répartition genrée du travail.. 153

3.3. Deux responsables d'*AmDiobaka*, deux visions de la lutte contre l'exode 154

CONCLUSION... 163

LISTE DES ACRONYMES 166

LISTE DES PHOTOGRAPHIES 167
BIBLIOGRAPHIE... 169

STRUCTURES ÉDITORIALES DU GROUPE L'HARMATTAN

L'Harmattan Italie
Via degli Artisti, 15
10124 Torino
harmattan.italia@gmail.com

L'Harmattan Hongrie
Kossuth l. u. 14-16.
1053 Budapest
harmattan@harmattan.hu

L'Harmattan Sénégal
10 VDN en face Mermoz
BP 45034 Dakar-Fann
senharmattan@gmail.com

L'Harmattan Congo
219, avenue Nelson Mandela
BP 2874 Brazzaville
harmattan.congo@yahoo.fr

L'Harmattan Cameroun
TSINGA/FECAFOOT
BP 11486 Yaoundé
inkoukam@gmail.com

L'Harmattan Mali
ACI 2000 - Immeuble Mgr Jean Marie Cisse
Bureau 10
BP 145 Bamako-Mali
mali@harmattan.fr

L'Harmattan Burkina Faso
Achille Somé – tengnule@hotmail.fr

L'Harmattan Togo
Djidjole – Lomé
Maison Amela
face EPP BATOME
ddamela@aol.com

L'Harmattan Guinée
Almamya, rue KA 028 OKB Agency
BP 3470 Conakry
harmattanguinee@yahoo.fr

L'Harmattan Côte d'Ivoire
Résidence Karl – Cité des Arts
Abidjan-Cocody
03 BP 1588 Abidjan
espace_harmattan.ci@hotmail.fr

L'Harmattan RDC
185, avenue Nyangwe
Commune de Lingwala – Kinshasa
matangilamusadila@yahoo.fr

Nos librairies en France

Librairie internationale
16, rue des Écoles
75005 Paris
librairie.internationale@harmattan.fr
01 40 46 79 11
www.librairieharmattan.com

Librairie des savoirs
21, rue des Écoles
75005 Paris
librairie.sh@harmattan.fr
01 46 34 13 71
www.librairieharmattansh.com

Librairie Le Lucernaire
53, rue Notre-Dame-des-Champs
75006 Paris
librairie@lucernaire.fr
01 42 22 67 13